세일즈에서 성공한 사람들의 25가지 습관

스테판 시프만 지음 | 홍은주 옮김

서울출판미디어

국립중앙도서관 출판도서목록(CIP)

세일즈에서 성공한 사람들의 25가지 습관 / 지은이: 스테판 시프만 ;
옮긴이: 홍은주. – 파주: 서울출판미디어, 2006
      p. ;   cm

원서명: The 25 sales habits of highly successful salespeople
원저자명: Schiffman, Stephan

ISBN 89-7308-138-1 03320

326.16-KDC4
658.85-DDC21   CIP2006000686

T H E
25

Sales Habits of Highly Successful Salespeople

Stephan Schiffman
America's # 1 Corporate Sales Trainer

Adams Publishing
HOLBROOK, MASSACHUSETTS

서문

　지난 10여 년 동안 판매·영업 전선에는 어떤 변화들이 일어났을까? 하루하루 바쁜 일상에 매몰되어 별로 생각해 본 적이 없는 이 같은 의문이 갑자기 떠오른 것은 포춘 500대 기업(미국의 경제 전문지 《Fortune》이 선정하는 세계 500대 기업을 의미함: 역자주)에 속하는 어느 대기업 판매부장과 함께 그 회사 판매·영업 교육을 위한 프로그램을 개발할 때였다. 그는 자기네 회사 판매·영업부 직원들이 아직도 1980년대로 착각한 채 구태의연한 방식으로 1990년대 후반의 판매·영업 전선에서 활동하고 있기 때문에 수많은 시행착오를 되풀이한다고 지적했다. 이 같은 지적을 듣고 나서 과연 글로벌 경쟁으로 상징되는 치열한 판매경쟁 시대에서 성공적으로 살아남기 위해서 필요한 요소들은 어떤 것들일까, 1980년대나 1990년대 초반과는 어떻게 달라야 할까를 곰곰이 생각하게 됐다.

　이 책은 그런 생각들을 내가 체험하며 얻은 여러 가지 판매·영업 전략과 결합하여 쓰여졌다. 아이디어 자체는 몇 년 전에 얻은 것이지만 수년 동안 수많은 성공 판매 사례를 연구하고 다듬고 공통점을 찾아내 누구나 일반적으로 응용할 수 있는 내용으로 정리한 것이다. 이 책에서 지적한 갖가지 판매·영업 습관과 전략을 당신의 일상적인 판매활동에 접목시켜 생활화하면 상당한 성과를 얻으리라는 것을 보장해도 좋다. 물론 이 책에서 힌트를 얻어 스스로가 훌륭한 습관을 개발하고 적용한다면 금상첨화다.

돈을 벌자면 판매·영업이야말로 가장 효과적이고 빠르고 흥미 있는 일일 것이다. 자신이 회사 사장인 경우 직접 영업 일선에서 뛰지 않더라도 큰 거래는 직접 성사시켜야 할 경우가 적지 않을 것이고 큰 거래 몇 건만 성사시키면 당연히 회사는 쑥쑥 커나가게 된다. 이 분야처럼 노력한 만큼 성과를 얻게 되는 직종은 없다고 해도 과언이 아니며(미국 기업들은 대부분 판매·영업사원에게 매출에 비례해서 보너스를 지급한다), 보험이나 금융상품을 독자적으로 판매하는 사람이라면 더더구나 판매·영업에서의 성공에 당신의 삶과 장래가 걸려 있다고 해도 과언이 아니다. 세일즈에 성공한 만큼 개인의 부

(富)도 커나가기 때문이다. 판매·영업은 거의 무제한적인 소득과 그에 따른 자유를 보장해 주며, 직업과 경력을 얼마든지 넓은 영역으로 개척해 나갈 수 있는 기회로 작용한다.

그러나 불행하게도 수많은 판매·영업직원들이 이렇게 무한한 가능성을 별로 고맙게 생각하지 않고 있는 것 같다. 힘들고 부정적인 쪽에만 늘 불만을 가지고 있다. 얼마 전 내가 주관한 판매·영업 세미나에서 가장 어려움을 느끼는 분야가 어느 것이냐고 물었더니 세미나에 참석한 수많은 사람들이 판매·영업을 할 때 대인관계의 어려움을 들었다. 특히 지금까지 비즈니스 관계가 없었던 새로운 인간관계일 경우 판매·영업을 위해 접촉하게 되는 상대 고객이 흔히 자신들에게 불신감을 나타내는 것을 애로점으로 지적했다. 맞는 말이다. 그러나 이 같은 불신의 책임은 판매·영업직 종사자 본인들에게도 있다. 이 직종 자체가 고급 세일즈에서부터 한탕주의식(Fly by night) 일회성 세일즈에 이르기까지 포괄적이다 보니 개중에는 신뢰를 바탕으로 한 장기적인 비즈니스 관계보다는 스스로 직업적 품위를 떨어뜨리고 불신을 자초하는 사람들도 적지 않은 것이다.

매스컴도 판매·영업직의 부정적인 이미지를 만들어내는

데 한몫을 한다. 드라마나 코미디, 영화 등에서는 판매·영업직 종사자들을 희화화해서 묘사를 하는 경우가 많다. 광고에 쉴 새 없이 떠들어대는 고약스러운 중고차 판매원이 등장하거나 범죄 드라마에는 사기꾼 판매사원이 자주 등장한다. 정직하고 진지하며 열심히 노력하고 땀을 흘리는 이미지는 찾아보기 어렵다. 스테레오타입으로 희화화된 이같은 왜곡된 매스미디어 이미지 때문에 판매·영업직 전체가 부정적인 인상으로 일반인들에게 각인돼 있는 것이다.

물론 판매·영업직에 종사하고 있는 사람들 가운데 쉽고 빠르게 돈을 벌기 위해 갖가지 속임수를 동원하고 소비자들의 무지나 약점을 이용하는 사람이 없다고는 할 수 없다. 그리고 그런 사람들 때문에 성실한 사람들까지 피해를 보는 경우도 많다. 이 때문에 말을 꺼내 보기도 전에 고객이 손을 내저으며 당신과는 이야기하기 싫다고 거부감을 보이는 경우도 있다.

그러나 재벌 총수로부터 중소기업 영업직 사원, 일반 독립 보험 판매인까지 비즈니스에 종사하는 사람치고 본질적으로 판매·영업사원이 아닌 사람이 누가 있는가? 생산만 하면 무엇하나? 이를 판매해야 하는데, 판매하는 방식은 광고도 있고 대리점도 있겠지만 직접 사람을 만나서 세일즈를 하는 경우가 가장 많다. 특히 전문 부품 같은 것들은 광고를 통해 일반인들에게 소비심리를 자극하거나 대리점에서 팔 수가 없다. 이 부품들을 필요로 하는 업체를 직접 찾아가서 구매담당자를 만나 상담을 벌여야 한다.

바로 이 부분을 판매·영업 종사자가 담당하는 것이다. 이들은 수많은 시행착오와 끈질긴 노력, 진지하게 상대방의 문제를 함께 생각하는 방식으로 오랜 인간관계를 맺고 이를 바탕으로 해야 판매에 성공할 수 있다.

이 책은 이런 성실한 사람들, 노력을 통해 큰 성공을 거두기를 바라는 사람들을 위한 책이다. 빠르고 쉽고 요령있게 한탕하고 튀려는 사람들은 아예 이 책을 보지 말기를 바란다. 이 책에는 그런 한탕주의식 요령은 다루지 않고 있기 때문이다. 이 책은 날이 시퍼렇게 선 칼날 위에 서 있는 것처럼 치열한 경쟁의 시대에 성공적으로 살아남기 위해 꼭 필요한 엄격한 프로정신, 침착성, 신뢰성, 이런 것들을 어떻게 생활화하고 습관으로 굳힐 수 있는가를 다루고 있다. 고객들이 당신을 그렇고 그런 판매·영업사원 가운데 하나라고 생각하지 않도록 자신을 프로로 연출하는 법을 가르친다. 그리고 뛰어난 판매·영업·매출실적을 통해 성공을 거둘 수 있는 전략과 청사진을 제시한다.

앞서 언급한 것처럼 지난 1970년대 1980년대에 비해 최근의 경제 상황은 엄청난 변화를 거듭하고 있다. 본격적으로 논의를 전개하기에 앞서 판매·영업직에 종사하는 사람들이 반드시 명심해야 할 세 가지에 대해 언급하기로 하자.

우선 가장 중요한 사항으로 고객들은 그 어느 때보다도 가치지향적이며 정보지향적이라는 것이다. 따라서 새로운 고객과 접촉하는 바로 첫 순간부터 정확하고 간결하고 핵심적으로 팔고자 하는 제품이나 금융상품의 특징과 이점을 열거할 수 있어야 한다. 당신이 그 분야의 전문가라는 것을 고객이 첫 번째 접촉에서 알게 하고 당신의 전문성에 대해 신뢰할 수 있도록 만들어야 한다. 효율적이라고 인정된 판매기법을 늘 읽고 연구하고 창의적으로 자기 것으로 만들어야 한다. 그렇다고 해서 제품에 대한 백과사전적인 지식을 달달 외워서 고객에게 읊조리거나 고객이 전혀 이해할 수 없는 전문용어들을 구사해 가면서 고객을 지루하게 만들라는 뜻은 물론 아니다. 다만 사전에 정확하고 정돈된 지식을 정리해 두고 있다가 짧은 시간 안에 많은 정보를 얻고 싶어하는 고객에게 당신 회사가 생산하는 제품이 다른 제품과 어떠어떠한 차별화된 장점이 있으며 기술적으로 우월한가를 설명하고 따라서 고객 회사의 생산성에 큰 도움이 될 것이라는 내용을 효율적으로 전달하라는 뜻이다.

둘째로 중요한 점은 판매 전략과 포인트를 고객이 인식하고 있는 정도의 한정된 필요성에만 맞추지 말고 고객의 필요성을 개발해 주는 쪽에 맞추라는 것이다. 지난 몇 십년 동안 우리는 고객이 필요로 하는 정보나 상품을 제공해야 판매·영업에 성공한다고 강조해 왔다. 그러나 2000년대의 판매는 고객이 해당 제품에 대해 미처 알지 못했던 잠재적 필요를 깨우쳐 줘야 하는 쪽으로 인식의 전환이 이루어져야 한다.

바쁜 대기업의 구매부장이나 이사 같으면 수없이 많은 업무로 시달리고 그 부하직원들 역시 당장 눈앞에 떨어진 일을 해결하느라 눈코뜰 새가 없을 텐데, 지금 쓰고 있는 제품이나 혹은 앞으로 구매할 제품이 다른 어떤 잠재적 용도가 있는지, 그 잠재적 용도를 개발하지 못해 어떤 기회비용을 치르고 있는지 생각해 볼 틈이 어디 있겠는가?

또 요즘처럼 바쁜 때에는 왜 그 제품을 써야 하는지에 대해 따로 생각이 있어서라기보다는, 회사 사장이나 전무가 문제를 해결하기 위해 이러저러한 제품을 한번 검토해 보라고 하니까 그 문제를 해결할 수 있는 가장 손쉬운 회사 제품을 선택하게 되는 경우가 많다. 이 경우 바쁜 대기업 부장이나 이사가 해당 회사 판매부 직원이 와서 설명하기를 기다렸다가 제품의 장단점, 가격 경쟁력을 다 판단한 연후에 구입할 만큼 한가하지 않기 때문에 자신이 직접 전화를 하거나 한두 번 견본품을 본 이후에 구매를 서두를 가능성이 높다.

따라서 모든 사람들이 바쁘게 살아가는 요즈음에는 고객이 무슨 일을 하는가, 어떻게 일을 하고 있는가, 근무 스케줄은 어떻고 직장은 어디에 있는가를 사전에 파악한 후 고객의 빡빡한 일정에서 가장 적절한 시간을 찾아 효과적으로 프리젠테이션을 해야 한다. 한마디로 요즘 시대에 판매에 성공하려면 예전과는 달리 고객의 필요에 초점을 맞추기보다는 언제 어떻게 접촉해서 어떻게 설명하느냐 하는 행동파 전략이 필요한 것이다.

이와 함께 그 제품을 한 번도 사용해 보지 않은 신규 고객을 개발하려고 노력하기보다는 그 상품에 대해 이미 써본 적이 있고 나름대로 판단과 의견을 가진 기존 고객을 설득하는 편이 더 효율적이다.

생각해 보라. 요즘 세상에 어떤 물건을 한 번도 안 써본 사람이 있겠는가? 처음 사업을 시작하는 몇몇을 제외하고는 거의가 이미 써본 제품을 다시 쓰는 경우가 많을 것이다. 이런 사람들을 공략해야 한다.

마지막으로 성공적인 세일즈를 하기 위해서는 반드시 다른 사람보다 한 걸음 앞서 생각하고 판단해야 한다는 점을 강조하고 싶다. 잠재 고객을 개발하고 접촉하고 제품 설명을 하는 모든 과정에서 항상 다음 단계에서 최선의 방식이 어떤 것인지를 생각해야 하며 현재 진행중인 고객을 잘 관리하면서도 늘 신규·잠재 고객 개발 가능성을 염두에 둬야 한다. 고객이 제시하는 반대 의견을 경청하고 불필요한 마찰을 빚지 않도록 문제 해결에 노력해야 한다.

예전에는 제대로 맞아떨어진 작전이었지만 현재 제대로 작용하지 않을 경우 비즈니스 전략을 언제라도 수정할 수 있는 사고의 신축성을 가져야 급변하는 경제 환경에 적응할 수 있다. 다른 사람보다 앞서 생각한다는 것은 불확실한 미래에 대해 미리 판단한다는 것을 의미하기 때문에 성공의 대가도 크지만 그만큼 실패의 우려도 높다.

따라서 가능한 한 정확한 정보를 근거로 미래에 대한 상황 판단을 하되 실패에 따른 책임도 스스로가 진다는 책임의식을 가져야 한다.

　성공의 달콤함을 담담하게 음미하고 실패하더라도 크게 좌절하지 않는 것, 이런 태도가 프로 영업인의 태도이다. 불확실한 미래가 던지는 도전을 두려워하지 않고 적극적으로 응전하는 것, 남이 운전하는 차의 옆자리에 타기보다는 자신이 차를 운전하려 하는 사람, 이런 사람이 현대를 사는 진정한 프로 영업인이다.

　이런 사람만이 성공할 자격이 있다.

　완벽한 사람이 어디 있겠냐마는 가능한 한 실수를 하지 않도록 노력해야 한다. 치열한 경쟁은 현대를 사는 비즈니스맨들에게 있어 일상을 지탱하는 요소라고 할 수 있다. 판매에 있어 엄벙덤벙 저지르는 실수는 옛날에는 몰라도 요즘은 더 이상 용납되지 않는다.

　당신 주변에는 당신의 고객이나 거래를 가로채려는(?) 경쟁자들이 얼마든지 있다. 당신의 경쟁자 가운데 상당수는 유능하고 합리적이며 효율적으로 판매·영업을 추진해 수입이 많고 안정적인 고객층을 유지하며 성공적인 직업관리를 하는 사람들이다. 반면 기회가 왔는데도 준비 부족과 어처구니없는 실수로 일을 완전히 망쳐버리는 사람들도 있다.

이 책은 실수를 줄이기 위한 습관과 전략을 가르쳐 준다. 이 책을 읽은 후 전자의 성공적인 영업인이 되느냐, 후자의 실패한 영업인이 되느냐는 당신이 얼마만큼 이 책의 내용을 습관화, 생활화했느냐에 따라 달라질 것이다.

차례

contents

01 신뢰는 성공의 지름길

공연히 요령을 피우다가 당신에 대한 신뢰에 금이 가게 하지 마라. 신뢰는 당신이 가진 최고의 직업적 무기이기 때문이다. 리더십 기술을 개발하고 상호 보완적, 호혜적인 인간관계를 구축하는 데 주력하라.

나는 영업 컨설턴트로서 문자 그대로 수만 명의 판매·영업직 사원이나 독립사업자를 접촉했으며 이들에게 영업 전략을 가르쳤다. 이들을 많이 만나면 만날수록, 쉽게 판매에 성공하고 당장 목전의 이익을 확보하기 위해 여러 가지 속임수들을 동원하는 눈살이 찌푸려지는 사례를 많이 목격하게 됐다.

문제는 이 같은 속임수들이 판매에 성공하기 위한 본질적인 요소와 목적을 완전히 훼손하고 남에게도 피해를 준다는 점이다. 판매나 영업의 본질적 요소란 무엇인가? 그것은 고객으로 하여금 당신이 전달하는 메시지를 신뢰할 수 있게 하고 당신을 신뢰하는 것이 정말 자신의 영업과 판매에 도움이 된다는 사실을 확신하도록 만드는 것이다.

얄팍한 상술, 복권당첨(Raffle) 전략

속이 빤히 들여다보이는 얄팍한 상술과 속임수의 대표적인 예로 이른바 '복권당첨' 전략을 들 수 있다. 이 방식은 당장은 손님을 끌지 모르지만 고객과의 장기적인 인간관계, 신뢰관계가 핵심인 판매에는 치명적인 방법이다.

내가 아는 어느 중고차 판매·중개인의 예를 들어보자. 그는 우선 손님을 끌고 싶은 욕심 때문에 추수감사절 휴가 직전에 '칠면조 당첨' 전략을 세웠다(미국에서는 추수감사절 휴일 때 우리나라 사람들이 추석 때 송편을 빚어먹는 것처럼 칠면조를 요리해 먹는다). 어느 날 전화번호부를 뒤져서 무작위로 전화를 하고는 "축하합니다. 귀하는 저희 영업소가 선정한 행운 고객으로 당선돼 무료로 칠면조를 받을 수 있게 됐습니다. 당장 저희 영업소에 오셔서 행운의 칠면조를 받으시지요"라고 말한다.

무료로 칠면조를 받을 수 있는 행운권에 당첨됐다는 말에 솔깃해져서 멋모르고 중고차 영업소에 가면 칠면조를 가져가기 전에 잠깐 앉아서 차나 한잔 하고 가라고 권한 다음 본격적으로 혹시 현재 가진 차에 문제가 있지 않느냐, 누가 정말 급해서 멀쩡한 새 차를 헐값에 내놨는데 일단 한번 보는 게 어떠냐 하면서 자꾸만 강권한다. 지금 차도 괜찮으니까 중고차 살 생각이 없다고 말을 해도 소용이 없다. 나중에는 지쳐서 칠면조고 뭐고 집에 돌아갈 생각만 나게 된다. 이런 수법에 넘어가 실제로 중고차를 사는 사람도 적지 않지만 대부분은 불쾌한 기분이 되어 자동차 영업소를 나오게 되고 나중에 설령 중고차를 살 일이 있어도 다시는 그 영업소에는 가고 싶지 않게 된다(실제 칠면조에 당첨된 것도 아니다. 이 칠면조는 그 영업소에 나타나는 모든 고객들에게 판매확장 사은품으로 무료 제공되는 것이다).

내가 접한 어처구니없는 싸구려 속임수 가운데 또 하나는 이런 게 있다. 무작위로 어느 집에 전화를 걸어서 어른이 전화를 받으면 그 사람이 잃어버리지도 않은 지갑을 주웠다면서 일단 말을 시작한다. 전화를 받은 사람이 어리둥절해져서 지갑을 잃어버린 적이 없다고 하면 "그럼 다른 사람 지갑인가?" 하며 슬그머니 말머리를 돌리고는 "아참, 그런데 그 댁에서는 혹시 중고차를 사실 생각이 없습니까? 저는 중고차 판매소에서 근무하고 있는데 정말 새 차나 다름없는 차가 싸게 나와 있는데요." 어쩌고 하면서 엉뚱하게 제품 세일즈를 하는 것이다.

위에서 언급한 두 가지 사례는 대부분 단 한 번의 거래로 끝나는 세일즈에서 자주 동원되는 수법이라는 데 주목할 필요가 있다.

이 책을 읽는 사람들의 대부분은 장기적인 인간관계가 중요한 대형 판매·영업에 종사하고 있을 것이다. 한탕주의식 세일즈라면 기본적으로 이런 책을 읽을 필요가 없기도 하거니와 가령 전자제품 조립회사에 부품을 납품하게 된 중견 영업직 사원이 그런 한탕주의식 싸구려 판매 방식으로 대기업에 계속 납품할 수는 없을 것이기 때문이다. "공짜 칠면조를 타실 수 있게 됐으니 저희 영업장을 방문해 주십시오" 하는 이른바 복권당첨식 접근방식으로 한두 번 정도는 반짝 재미를 볼 수도 있겠지만 이 같은 얄팍한 속임수를 계속하면 대형 판매·영업직에서 밀려나게 될 것이다. 당신이 그런 사람이라는 소문이 순식간에 관련 업계에 퍼질 것이기 때문이다.

따라서 목전의 이익에 눈이 멀어 그런 한탕주의식 거래를 하면 안 된다는 점을 강력하게 경고하고 싶다. 칠면조를 파는 사람이라면 칠면조 이야기만 하고, 차를 파는 사람이라면 차 이야기만 해야 한다. 차 파는 사람이 칠면조 이야기를 하면 당신의 전문성에 치명적인 흠이 간다. 전자 부품을 납품하는 사람이라면 전자부품의 신기술과 새로 개발된 제품의 장점을 이야기해야지 엉뚱하게 끼워 파는 다른 상품을 이야기하면 상대방은 당신 회사 제품에 뭔가 하자가 있어서 다른 상품을 얹어 판다고 의심하게 될 것이다.

정확하게 납품하거나 팔고자 하는 상품에 대해서만 이야기하고, 당신 회사의 부품을 사면 왜 고객의 회사에 도움이 되는지를 이야기하라. 눈앞의 실적을 올리기 위해 여러 가지 잔꾀를 동원한다면 당신의 신용이나 전문가다운 이미지가 손상되어 더욱 비싼 대가를 치르게 된다.

세일즈 리더론(論)

성공적인 판매·영업직 종사자들은 본질적으로 리더적인 자질을 갖춘 사람이다. 왜냐하면 잘 알지도 못하는 고객으로 하여금 당신의 말을 믿도록 설득하고 신뢰하게 만들고 제품을 구매하게 만들었다면 이미 설득력과 신뢰성, 인간관계의 흡인성 등 모든 면에서 리더적 자질이 입증된 것이기 때문이다. 현대의 판매·영업사원이나 종사자들은 이 같은 리더적 자질을 갖추는 것이 필수적이다.

그렇다면 이 같은 리더적 자질은 어떻게 얻어지는 것일까? 앞서도 이야기했지만 그 제품이 고객에게 어떻게 도움이 될지에 대한 정확한 정보를 바탕으로 자신감 있고 간결하게 제품의 장점과 잠재적 효용성을 설명하며, 실제 나중에 제품을 써 봤더니 정말 좋았다는 평가를 받아야 한다. 그래야 오랜 고객 관리가 가능해진다. 고객이 한번 당신을 신뢰하게 되면 당신은 자연히 고객의 리더가 되고 상대방은 당신의 말에 따라 의사결정을 하게 된다. 이것이 세일즈의 리더론(論)이다. 따라서 리더십의 전제 조건은 신뢰이며 신뢰를 쌓는 방법론이 중요한 의제로 등장하게 된다.

신뢰를 쌓는 데 있어 피해야 할 요소로는 앞서 언급한 것 같은 한탕주의식 속임수와 상대방에게 구입을 강요하거나 정신적으로 짜증나게 만드는 것 등을 들 수 있다.

다시 한 번 강조하거니와 고객의 신뢰를 얻으려면 제품에 대한 정확한 이해, 고객의 비즈니스 방식에 대한 정보, 제품의 품질과 효용에 대한 책임감, 철저한 애프터서비스 정신이 필요하다. 고객은 이 같은 점에 노력을 기울이는 당신의 프로정신에 신뢰를 갖게 될 것이고 당신의 종신고객이 될 것이다.

그렇다면 좋은 리더는 어떤 조건을 갖춘 사람일까?

- 리더는 장래에 대한 비전을 갖는다.
- 리더는 상대방으로부터 존중을 받는다.
- 리더는 큰 그림을 그리고 현재 상황을 전체적인 관점에서 파악할 수 있는 사람이다.
- 리더는 바른 방향설정을 하되 풍향이 바뀌면 제때 방향을 바꿀 줄도 아는 사람이다.
- 리더는 문제에 대한 바른 상황인식을 하고 해결책을 제시할 준비가 된 사람이다.
- 리더는 방향성과 태도에서 자신감을 갖춘 사람이다.
- 리더는 책임감 있는 사람이다.

상기와 같은 모든 요소들이 모여서 리더의 자질과 신뢰감을 만들어낸다.

신뢰의 출발은 시간의 정확성

신뢰를 강조하면 많은 판매·영업직 종사자들은 신뢰를 주는 외모를 떠올린다. 그러나 중요한 것은 외모만은 아니다. 당신의 입에서 나오는 말 한마디 한마디, 일거수일투족이 상대방에게 신뢰를 주어야 한다는 것을 의미하며 이것은 오랜 거래의 결과로서 얻어지는 것이지 단순히 외양만 그럴듯하다고 해결될 문제는 아니다. 그리고 신뢰감의 시작은 바로 정확성에서 출발한다.

다음날 9시에 전화하겠다고 해놓고 9시 5분에 전화를 하면 안 된다. 당신에게는 9시나, 9시 5분이나 그게 그거지 싶겠지만 9시 10분에 자기네 회사 사장을 만나서 보고를 해야 하는 고객의 입장에서는 5분이 엄청나게 길고 짜증나는 시간이다.

약속 장소에는 적어도 5분 이전에 도착해 있어야 한다. 만성적으로 3~4분씩을 꼭 늦는 사람들이 있다. 별것 아닌 몇 분, 그러나 상대방이 당신을 평가할 때 결정적인 요소가 된다. 상대방보다 항상 먼저 도착하고 약속 시간을 반드시 지키는 것이야말로 정말 믿을 만한 사람이라는 이미지를 형성하고 상대방의 신뢰를 얻게 되는 첫걸음이다.

만약 그까짓 사소한 몇 분이 뭐 그리 대수냐, 실제 판매와는 큰 상관없다고 생각한다면 오산이다. 고객과의 첫 약속을 칼같이 지켰느냐의 여부는 장기적인 인간관계를 설정하는 데 있어 결정적인 이미지를 제공한다. 첫 약속부터 잘 안 지키는 사람이라는 생각이 들게 되면 당신이 무슨 말을 하든 잘 믿지 않고 건성으로 듣게 될 가능성이 크다.

다시 한 번 강조하지만 시간에 대한 정확성이야말로 반드시 생활화해야 할 태도이다. 첫 약속부터 교통이 막혀 그랬다며 4~5분 늦게 나타나서 제품의 장점에 대해 장광설을 늘어놔 고객을 지루하게 한 다음, 나중에 써봤더니 대부분 과장이더라는 인식을 상대방에게 주면 판매·영업 종사자로서의 당신은 빵점이다. 반대로 항상 5분 전에 도착해 기다리고 고객이 궁금해하는 사항을 즉석에서 대답하고, 확인해야 할 사항을 꼼꼼하게 체크해 즉시 팩스로 보내준다면 당신은 성공할 수 있는 필요조건을 충분히 갖춘 사람이다.

 ## 성공적 인간관계는
상호신뢰를 먹고 자라는 희귀식물

성공적인 인간관계라는 것은 상호신뢰라는 환경 속에서만 자라나는 희귀식물이라고 해도 과언이 아니다. 그리고 상호신뢰는 시간이 가면서 입증되는 여러 가지 요소들에 기초하고 있다. 상대방의 입장을 배려하는 것도 좋지만 하자는 대로 그저 따르기만 하는 유순하고 굴종적인 자세가 상호신뢰를 만들어내는 것은 아니다. 상대방은 곧 당신을 무시하게 될 것이기 때문이다.

이솝우화에 낙타가 처음에는 괴이하게 생긴 모습 때문에 사람들로부터 두려움의 대상이 되었다가 나중에 순하기 이를 데 없는 동물이라는 것이 알려지면서부터는 어린애들로부터도 발로 걷어채이는 신세가 됐다는 이야기가 있다. 무조건적인 굴종이 오히려 역효과를 낸다는 사실을 웅변적으로 증명하는 우화다. 신뢰는 무조건적인 배려가 굴종적인 자세보다는 말 한마디, 행동거지 하나, 크든 작든 일을 처리하는 방식, 이 모든 점에서 다 믿을 만하다고 판정된 때에만 얻어지는 것이다.

약속한 것은 반드시 지켜라. 지키지 못할 약속을 남발하면 안 된다. 늘 약속을 지키는 사람이라는 이미지가 굳어지면 당신은 정신적으로 상대방의 우위를 차지할 수 있고 상호 인간관계에 있어 리더의 위치에 서게 된다.

02 핵심을 찌르는 질문을 하라

고객이 자신이 가진 정보를 털어놓도록 요령껏 질문하라. 그러면서 과거와 현재, 그리고 미래에 대해 이야기하도록 유도하라. 필요하면 본격적인 비즈니스와 관련된 중간단계의 이야기를 꺼내되 거기에 너무 의존하다가 본론을 놓치는 우를 범하지 말라. 판매 사이클에서 있어서 상담을 기술적이고 세련되게 진전시키는 것은 당신의 역할이다.

　　중요한 질문, 핵심을 찌르는 질문을 하라. 처음 봤을 때 "날씨가 어떻습니까?" 혹은 "즐거운 주말을 지내셨나요?"라는 질문으로 서두를 꺼내는 정도는 괜찮다. 그러나 이후로는 반드시 핵심을 찌르는 간결한 질문만을 던져야 한다. 고객의 시간을 빼앗는 진부한 질문이나 하나마나한 질문은 절대로 삼가야 한다.

　　이렇게 지적하면, 그걸 모르는 사람이 누가 있느냐고 반문하겠지만 실제 이 같은 습관이 비즈니스에서 생활화되어 있는 사람은 의외로 많지 않다. 대부분의 사람들은 고객을 만나서 긴장이 된 나머지 실내장식이니, 골프니, 날씨니, 사우나니 쓸데없는 화제를 꺼내서 계속 떠들게 된다. 그러나 고객을 방문한 목적이 뭔가? 신변잡담이나 개인적으로 선호하는 스포츠 이야기를 끝도 없이 이어가려고 온 것은 아니지 않은가. 처음 몇 분간 자연스럽게 가벼운 화제로 시작하다가 가능한 한 빨리 적절한 타이밍을 잡아서 핵심적인 상담으로 옮겨갈 생각을 해야 한다.

그렇다면 이처럼 상담으로 자연스럽게 넘어가는 데 도움이 되는 질문이 뭘까를 생각해 보자. 가벼운 신변잡담과 무거운 화제를 연결시켜 주는 적절한 질문 한 가지를 소개해 보겠다. 이런 질문은 상담과는 직접 관련이 없으면서도 상대방의 관심을 유도해 내고 고객의 성향을 파악하는 데 도움이 되며 결국 상담과 연결되는 효과를 내는 다용도의 질문이어야 한다. 자, 이런 질문은 어떨까?

"궁금해서 그러는데요, 알렌 씨, 어떻게 해서 이 일을 하게 되셨습니까?"

이런 질문을 받은 고객은 슬슬 자기가 어떻게 이 직장에 들어오게 됐으며 언제부터 이 일을 시작하게 됐고, 하는 일의 애로점은 뭐고 하는 것들을 이야기할 것이다. 그리고 자신의 일에 관심을 보이는 당신에게 약간씩 마음의 문을 열게 될 것이다.

자, 그러면 본격적인 상담을 시작할 분위기가 무르익게 된다. 고객이 하는 일에 관심을 보이면서 우리 회사 제품이 이러 저러하기 때문에 귀하의 업무에 도움이 될 것 같다는 이야기를 자연스럽게 꺼낼 수 있는 것이다.

"알렌 씨, 저희 회사에서는 미국 최고의 부품을 판매하고 있습니다. 제가 오늘 찾아뵌 것은 귀사의 부품 사용 상황을 파악하기 위한 것이기 때문에 부담을 갖지 않으셔도 됩니다. 우선 귀사의 상황을 알고 난 후에 혹시 저희가 귀사의 판매 확충에 도움이 될 수 있는 여지가 있는지를 알고 싶습니다. 그래서 몇 가지 간단한 질문을 드리고 싶은 데 잠깐 시간을 내주실 수 있겠습니까?"

과거와 현재, 미래에 관한 질문 요령

이 같은 요청에 대해 그러자는 응답이 되돌아오면 이제 다음과 같은 질문을 던지는 것이 좋다.

 • **과거에 관한 질문:**

"혹시 전에 저희 회사 부품을 써보신 적이 있습니까? 만약 써보셨다면 어떤 느낌을 받으셨습니까?"

• **현재에 관한 질문:**

"관심이 있어서 그러는데요, 현재는 어떤 회사 부품을 쓰고 계신가요? 품질이나 가격이 적당하다고 생각 하십니까?"

• **미래에 관한 질문:**

"향후 6개월이나 1년 동안 부품 조달계획은 어떻게 세우고 계신가요? 이미 결정을 하셨습니까? 부품 조달 계획이 매출 목표를 달성하기 위해 석설하다고 판단하십니까?"

처음 만났을 때 이런저런 인사치레가 끝나고 간밤 텔레비전에서 중계된 농구경기 이야기로 서론을 연 다음 본격적인 업무 이야기로 들어가고 싶은 데 그렇다고 당장 제품에 대해 소개를 하거나 제품을 구매해 달라고 요청하기가 어쩐지 조금 성급해 보인다 싶을 때 중간단계로 써먹기 좋은 몇 가지 질문을 소개한다.

Tip: 중간단계 질문의 예시

- "귀사가 생산해 내는 제품의 주 고객은 어떤 부류인가요?"
- "지사가 몇 개나 있습니까?"
- "본사는 어디에 있습니까?" 혹은 "생산 공장은 어디에 있습니까?"
- "어떤 판매 전략이나 영업망을 사용하고 계신가요?"
- "귀사는 언제부터 이 부품을 사용해 오셨습니까?"
- "최근에 영업하시는 데 무슨 어려움은 없으신가요?"

위와 같은 질문들은 고객의 현재 입장이나 장래 계획에 대해 그 자체로 중요한 정보를 제공할 뿐만 아니라 본격적으로 당신 회사 제품을 소개할 수 있는 중간단계의 질문으로 효율적으로 쓰일 수 있다.

그러나 주의해야 할 점은 이런 중간단계 질문에 너무 의존해서는 안 된다는 점이다. 중간단계 질문도 길어지면 상대방에게 부담이 되고 특히 시간에 쫓기는 바쁜 사람은 저 사람이 이런 걸 물어보려고 만나자고 그랬나 불쾌해 하기 십상이다. 대부분의 고객들은 가능한 한 당신이 효율적이고 간결하게 본론을 이야기하기를 바랄 것이다. 정확하고 핵심을 찌르는 질문을 던짐으로써 고객을 불편하게 하거나 지루하게 만들지 않고도 일을 진행시킬 수 있다.

고객과의 첫 대면을 끝내면서 고객과 나눈 이야기를 정리하고 한 단계 더 나아간 다음 만남을 약속 받을 수 있는 적절하고도 깔끔한 마무리로 다음의 예를 들 수 있다.

"알렌 씨 오늘 시간을 내주셔서 정말 감사합니다. 많은 유용한 정보를 얻게 됐습니다. 대체로 저희들이 처음으로 뵐 때는 이런 절차를 밟게 됩니다. 오늘 얻게 된 귀사에 대한 정보를 바탕으로 해서 저희 회사 제품이 어떻게 귀사의 매출증가에 도움이 될 수 있을지를 자세히 검토해 보고 정리해서 다음에 한 번 더 찾아뵙고 검토된 내용을 말씀드리고 싶은데 시간을 좀 내주시겠습니까? 다음 주 목요일쯤 시간이 어떠신지요?"

03 대화의 기선을 잡아라

고객에게 당신이 판매 사이클의 연장선상에서 어느 지점에 있는지를 알려주도록 한다. 본론으로 이야기를 진전시키는 것을 두려워하지 말라. 혹시라도 너무 성급하게 이야기를 진전시키는 것이 아닌가 의심이 들 때는 침착하게 속도를 조절하라.

이번 장은 앞장의 연장선상에서 읽으면 된다. 앞장에서는 고객의 이야기를 주로 듣고 정보를 파악하는 데 주안점을 뒀지만, 이 장에서는 고객과 다시 만났을 때를 시점으로 잡아 어떻게 화제를 풀어나가고 자연스럽게 방향을 잡아나가는지에 대해서 설명하겠다.

이 시점에서 강조하고 싶은 점은 당신이 고객을 만나 이야기를 하는 것이 일반적인 판매 사이클 가운에 어느 시점인지를 솔직하게 이야기하고 원하는 방향으로 화제의 방향을 잡아나가는 것을 두려워하지 말라는 것이다. 여기 적절한 예를 몇 가지 소개한다.

"알렌 씨, 오늘 저를 만나는 데 시간을 할애해 주셔서 대단히 감사합니다. 오늘 나눈 이야기 외에도 검토해야 할 사항들이 많이 있겠습니다만, 이 시점에서 저희 회사와 저희가 생산해 내고 있는 부품에 관해서 잠깐 설명을 드리고자 합니다. 저희 회사는 19××년에 설립된 유서 깊은 회사로서 미국에서 최고 품질의 부품을 생산하고 있습니다."

"알렌 씨, 이 시점에서 혹시 귀사의 생산성을 높일 수 있도록 저희들이 도울 수 있는 방법이 있는지를 알기 위해 몇 가지 추가 질문을 드리겠습니다."

"알렌 씨, 지난번에 이어 또다시 시간을 내주셔서 감사합니다. 저번에 들은 정보를 바탕으로 제가 귀사의 생산성에 도움이 되는 방향으로 제안서를 한번 작성해 봤는데요, 여기에 대해 잠깐 설명을 드리고자 합니다. 그리고 난 후에 혹시 의문이 있으시면 답변을 해드리도록 하겠습니다."

"자, 지금까지 제 제안서를 설명해 드렸는데요, 이 제안서대로 저희 상품을 귀사의 제품 생산에 응용한다면 틀림없이 생산성을 높이고 원가를 줄이는 데 크게 도움이 될 것으로 저는 확신하고 있습니다. 가능한 한 빠르면 빠를수록 효과도 배가 되리라고 생각합니다. 다음 달 초부터 시험 삼아 한번 응용해 보시는 게 어떨지요?"

이렇게 대화를 해나가는 과정에서 고객의 필요를 파악하고 적극적으로 도와주는 자세를 가져야 한다.

상대방의 페이스에 휘말리지 마라

그렇다고 무조건 고객의 비위만을 맞추라는 것은 결코 아니다. 고객에게 겁먹을 필요도 없고 무조건 고객의 주장에만 따라서도 안 된다. 지나치게 상대방 페이스에 휘말려들 경우, 말을 잘못 끊었다가 고객이 불쾌해 할까봐 변변히 말 한마디 못해 보거나 결국 고객의 주장만 실컷 듣고 나서 다음 시간 약속도 못하고 나오게 되는 경우가 적지 않다.

이 경우 고객의 말을 열심히 들어줘서 저 사람 참 예의바른 사람이구나 하는 평을 들을지는 모르지만 그래서 무슨 소용이 있나? 어렵게 약속해서 그 고객을 찾아간 것은 당신 회사 제품에 대해 소개하고 기회를 봐서 상대방이 구매하도록 설득하기 위한 것이지 예의바르게 말을 들어주기 위한 것은 아니지 않은가. 자신의 의사를 전달할 기회조차 없이 돌아서는 것은 어리석은 일이다.

따라서 상대방이 자기 말에 취해 장광설을 늘어놓거나 주제에서 벗어난 이야기를 지나치게 오래 계속하거든 적당한 선에서 상대방 기분을 상하지 않게 대화의 가닥과 방향을 잡아나가야 한다. 당신이 찾아온 목적이 무엇이고, 지금 단계에서 당신이 전달하고자 하는 내용이 무엇이며 앞으로 어떻게 이야기를 진행시켜 나갈 것인가를 상대방에게 전달해야 한다. 상대방의 감정을 상하지 않게 하려고 예의바르게 고개를 열심히 끄덕거리며 들어주고만 있다가는 상대방이 한참 자기 이야기를 하고 난 다음 "참, 그런데 왜 찾아오셨더라?" 하고 물어주기 전에는 고객의 시간만 뺏은 채 자기 이야기는 꺼내보지도 못하고 끝나버리는 것이다. 다음 약속을 받아낼 수도 없다. 고객은 오늘 왜 만났는지도 모르는데 다음에 또 만나려 하지 않을 것이기 때문이다.

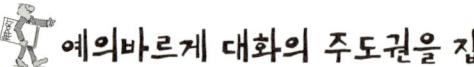 예의바르게 대화의 주도권을 잡아라

우리는 완벽한 세상에서 살고 있지 않다. 복잡한 세상에서 복잡한 생각을 하는 복잡한 사람들과 부딪히게 된다. 상대방의 행동이나 사고패턴이 전혀 예측불허인 경우도 많다. 따라서 당신이 적당한 선에서 상대방을 이쪽 대화의 장으로 끌어들여 "본사 제품에 대해서 소개를 하고 싶은데요"라고 했을 때 고객이 "아니 잠깐만요, 아직은 구매할 입장이 아니기 때문에 좀 시간을 더 가졌으면 좋겠는데요"라든지 혹은 "들어보니 참 귀사 제품이 참 좋기는 합니다만 우리 회사하고는 안 맞는 것 같군요"라고 말할지 모른다.

그러나 그런 말 좀 듣는다고 어떻단 말인가? 좀더 시간을 갖자면 그렇게 하라고 한 다음 정확하게 상대방을 설득시킬 수 있는 정보와 제안서를 보충하면 되는 것이고 고객의 회사와 안 맞는다고 하면 어떤 점에서 안 맞는지, 이를 보완할 방법은 없는지를 물어보면 되는 것이다.

이런 말을 듣는 게 겁이 나서 계속 이야기를 빙빙 돌리다 보면 두 사람 모두 시간만 낭비할 뿐 진도를 나가지 못한다. 따라서 계속 상대방의 비위를 맞추면서 시간을 끌다가 상대방이 제대로 정보를 얻지 못한 상태에서 결론을 내리기를 기다리기보다는(이런 상황에서 나오는 결론이란 "노"라는 말이기 십상이다) 당신이 소개하고자 하는 제품의 특징과 장점과 고객회사 제품과의 호환성에 대해 정보를 설명해 주고 상대방이 결론을 내리기를 기다리는 것이 낫다.

따라서 대화를 하면서 판매에 대해 자연스럽게 대화를 유도해 나가는 것이 중요하며 여러 가지 관련된 질문을 던짐으로써 궁극적으로 판매에 도움이 되는 정보를 고객으로부터 얻어내는 노력이 중요하다.

가끔은 이 같은 정보 수집과 상대방으로부터의 피드백을 바탕으로 당신은 고객이 의식하지 못하고 있는 문제들을 유추해

낼 수 있다. 가령 당신은 부품 A를 납품하기 위해 고객을 찾아갔고 고객 역시 부품 A를 사는 데 관심이 있다고 하더라도 고객의 말을 주의해 듣다 보니 이 회사에 정말 필요한 것은 부품 A가 아니라 부품 B인 경우도 있다.

당신의 목적은 고객의 문제를 해결해 주고 적극적으로 도와주는 것이다. 상대방은 부품 B의 성격을 몰라 응용하지 못하더라도 당신은 부품 B의 특징을 잘 알기 때문에 오히려 도움이 되는 경우가 있다. 그런데 반드시 부품 A를 납품해야 한다는 선입견을 가지고 부품 A에만 집착한다면 고객에게 적절한 대응책을 제시하는 데 실패할 수 있는 것이다. "부품 A를 찾으시는데 실은 귀사의 경우 부품 B가 더 적합한 것 같습니다"라고 제시하고 상대방도 "그럼 그렇게 한번 해볼까요"라고 해서 거래가 성립됐는데 나중에 당신 말이 맞는 것으로 판명이 나면 그 고객은 평생 당신의 고객이 된다고 해도 과언이 아니다.

그러나 이렇게 유연한 사고를 하려면 쓸데없는 잡담이나 상대방의 장광설을 무조건 참고 듣기보다는 적절한 시점에 상대방의 관심을 집중시키면서도 업무와 관련된 질문을 던지거나 해서 당신에게 필요한 정보를 끄집어내는 것이 선결 조건이다.

판매 사이클에 대해 명확하게 말하라

　판매 사이클은 업종마다, 산업마다, 고객마다 모두 다르다. 쉽게 말해서 당신은 고객이 언제 구매에 흥미를 가지게 될지 잘 알 수 없다는 것이다. 그러나 분명한 것은 고객과의 대화의 선을 유지하고 고객과 한 걸음 한 걸음 같이하면서 지금 당신의 입장이 어떻다는 것을 분명히 상대방에게 전해야 한다는 것이다.

　지금은 정보수집차 들른 것이라든지, 귀사의 판매상황과 생산에 대해 알고 싶다든지, 그보다 조금 더 진도가 나가면 본사 제품에 대해 설명을 하고 싶다든지, 본사 제품을 쓴 다른 회사가 어느 정도 성과가 있었다든지, 언제 제품 견본을 보면서 직접 설명회를 하고 싶다든지, 언제 구매계약을 맺고 싶다든지, 아무튼 방문의 목적이 무엇인지에 대해 명확하게 그때그때마다 상대방이 알도록 만들어야 한다는 것이다. 실컷 이야기를 하고서도 명확하게 방문 목적을 매듭짓지 못하는 어리석음을 피하는 것이 성공을 향한 첫걸음이다.

04 고객의 관심을 유도하라

고객이 말로 혹은 비언어적인 몸짓이나 표정으로 전달하는 메시지를 잘 이해하고 고객을 대화의 중심으로 끌어들여라. 그리고 고객을 진심으로 위한다는 것을 전달하라. 고객과는 편안하고 익숙한 내용만 이야기하라.

고객의 관심을 끈다는 것은 미묘한 심리적 작업이기 때문에 명확하게 정의하는 것이 쉽지 않다. 따라서 고객의 관심을 멀어지게 하는 예를 몇 가지 들어서 거꾸로 고객의 관심을 끈다는 것이 어떤 것인지를 알아보기로 하자.

고객의 관심을 끈다는 것이 반드시 고객이 하는 말 한마디, 일거수일투족, 부정적인 반응에 자율신경반응처럼 즉각적으로 대응하는 것은 아니다. 다음과 같은 예를 보자.

고객: 지난번 우리가 이 분야를 이야기했던 게 큰 도움이 됐는데요, 그 이야기를 한 게 지난 월요일이었던 것 같은데.......

당신: 네, 네, 월요일이 좋으시다고요, 그럼 다음 약속도 월요일로 하지요.

고객: 아니 내가 하려는 이야기는 그게 아니고 그날이 월요일이었기 때문에 정신이 맑지 못해서 충분한 검토를 할 수 없었기 때문에 다음 약속은 다른 요일로 하자는 겁니다.

당신: 아, 그렇습니까? 당연하지요. 어느 날이든지, 아무 때라도 좋습니다.

위와 같은 상황이 벌어졌다면 결코 고객의 관심을 적절하게 유도하는 대화라고 말하기 어렵다. 상대방 말 한마디 한마디에 민감하게 반응하면서 그저 따라가는 것뿐이다. 고객의 관심을 적절하게 유도한다는 것은 상대방 말에 기계적으로 반응한다는 것과는 전혀 차원이 다른 이야기다. 고객의 말과 생각과 목적을 명백하게 이해하고(반드시 당신이 납품하려고 하는 제품과 관련이 있는 생각이 아닐 수도 있다), 핵심을 파악하며, 당신과 고객이 동시에 공감해서 함께 검토할 수 있는 문제해결의 방식을 제시하는 것이다.

이렇게 하기 위해 가장 좋은 방식을 찾아내는 것이야말로 당신이 생각하고 고민할 일이다. 고객의 나이와 직위, 성별과 인종과 고향 등에 대한 모든 정보를 알고 난 후 기본적인 대인 접촉을 통해 얻어진 상대방의 성격 등을 복합적으로 고려해 이 방법을 찾아나가야 한다. 미묘한 차이를 무시하는 것은 어리석은 일이다. 그리고 판매 상담에 이런 요소들을 반영하지 않는 것은 판매를 스스로 포기하는 것이나 다름없다.

고객의 개별적인 특징을 먼저 파악하라

모든 고객은 제각각 다른 특징을 가지고 있다. 당신이 한 말에 대해 고객마다 다른 반응을 보인다. 어떤 사람은 당신과 만나는 데 얼마든지 시간을 낼 수 있다고 여유 있는 반응을 보이는 반면 어떤 사람은 15분 시간을 내주는 데도 지구가 거꾸로 도는 것처럼 요란을 떨기도 할 것이다. 어떤 사람은 상대방 말을 안 믿고 의심하며 조심스럽게 접근을 해서 오늘날의 지위를 얻게 된 사람도 있을 것이고 어떤 사람은 자유로운 생각과 의식, 토론을 통해서 문제를 해결하고 승진을 거듭한 사람도 있을 것이다.

요점은 이렇게 다른 수많은 사람들을 처음 몇 분간 접근함으로써 전부 내 사람으로 만들고 관심을 유도할 수 있는 단순한 마법이나 만병통치약은 없다는 것이다. 따라서 고객의 특징을 먼저 파악하고 이후로의 접근방식은 거기에 따라야 한다. 그럼에도 불구하고 상대방의 관심을 끌 수 있는 제안이나 의미 있는 초기 대화를 이끌어낼 수 있는 일반적인 처방이 아주 없는 것은 아니다. 이걸 읽고 나서 이 같은 일반론을 각 개별 상황에 어떻게 적용하는가 하는 것은 당신의 문제다.

익숙하고 편안한 주제로 대화를 열어라

우선 당신이 편안하고 익숙하고 잘 아는 주제를 논의하라는 것이다. 현대 미술에 대해 전혀 모르면서 뭔가 지적인 사람으로 보이려고 모호하고 현학적인 단어 몇 마디를 중얼거리면서 마치 아는 것처럼 이야기해서는 안 된다. 상대방이 의외로 현대미술의 전문가일 수도 있고 관심이 있는 사람일 수도 있다. 괜히 지적인 척하느라고 고상한 주제를 선택하면 밑천이 짧아서 금방 화제가 끊기게 된다. 잘 아는 주제, 상대방도 잘 알고 관심을 가질 만한 주제를 선택한다. 스포츠도 좋고 영화도 좋다. 당신이 잘 아는 주제일 경우 건강관리나 치매방지 대책에 대해서 이야기를 시작해도 좋다.

흥미 있는 주제를 자신 있게 말하다 보면 당신에 대한 관심과 흥미가 높아지게 마련이고 자신 있어 보이는 태도가 나중에 정식으로 업무관계에 대해 이야기를 나눌 때도 도움이 된다. 처음에 이렇게 흥미 있는 화제를 이야기하다 보면 상대방은 당신에 대한 경계를 늦추게 된다.

또 다른 주제로 당신이 보고 있는 주변 환경, 예를 들어 그회사의 조경이 잘됐다든가, 사무실이 효율적으로 꾸며져 있다든가, 배치가 잘되어 있는데 혹시 고객의 아이디어가 반영된것인가 등등을 이야기하는 것이 무난하다. 이때도 고객의 아이디어나 생각이 반영됐는지를 물어서 고객의 흥미를 유도하는것이 좋다. 주의할 점은 어떤 화제든지 고객이 포함되도록 해야 한다는 것이다. 실컷 골프 이야기를 했는데 상대방이 전혀골프를 안 치고 등산만 하는 사람일 수도 있기 때문이다. 등산만 하는 사람에게 보기니 이글이니 투 언더파니 신이 나서 이야기해 봤자 상대방은 전혀 알아듣지 못하고 당신과 이야기를하는 데 흥미를 잃게 될 것이다.

미묘한 신체언어를 사용해 상대방의 관심을 유도하라

또한 상대방을 자연스럽게 유도해서 고객이 자신에 대해 이야기를 시작하면 적절하게 반응해야 한다. 흥미가 있다는 것을 보이기 위해 자연스럽게 상대방 쪽으로 몸을 기울이거나 손에 들고 있던 펜을 놓고 본격적으로 듣고 있다는 것을 미묘한 신체 언어로 표시할 수 있다.

고객이 자신의 경험에 대해 신이 나서 이야기하면 할수록 당신에게는 유리하다. 우선 상대방이 긴장을 풀었다는 것을 의미하는 것이며 상대방의 경험에서 판매와 관련된 정보를 찾아낼 실마리를 찾을 수 있기 때문이다. 상대방이 뭔가 문제점에 대해 걱정을 하면 진심으로 같이 걱정하는 것을 보여야 한다. 상대방의 문제점을 해결해 주는 데서부터 판매의 첫걸음이 시작되기 때문이다.

05 고객이 정말 원하는 것이 무엇인가를 잡아내라

필요한 수요처를 발견하고 이를 채우라는 전통적인 방식은 급변하는 경제 환경에서는 부적절하며 소극적인 판매 방식이다. 신규고객을 찾아내는 것보다는 기존의 경험 있는 고객에게 당신이 납품하려는 제품이나 서비스의 장점을 설득하는 편이 훨씬 효율적이다.

급변하는 경제 환경에서 가장 좋은 판매 방식은 무엇인가? 제품이나 서비스가 필요한 사람을 찾아다니며 공급한다는 것이라고 생각하는가? 결론부터 이야기하자면 내 생각은 그렇지 않다.

신규 고객보다는 기존 고객을 잡아라

오늘날 판매·영업직에 종사하는 사람들은 새로운 시장을 개척하는 것이 정말 어렵다. 다시 말해 전통적으로 우리가 의존해 왔던 격언인 "필요한 시장을 개척하라, 그리고 그 시장에 공급하라"는 말이 더 이상 적용되기가 어려운 시장에 살고 있다는 이야기다. 갈브레이스의 저작 『풍요의 시대』가 예언한 것처럼 오늘날의 경제는 인류 역사상 최대의 풍요로 넘쳐나서 웬만큼 기본적인 필요는 거의 충족되고 있는 상태다. 지난 25년 동안 인류가 이룩한 눈부신 기술과 효율성의 발전 덕분이다.

적어도 현대를 사는 판매·영업직 종사자들이 새 시장 개척이 필수라는 전략을 수정해야 할 만큼은 기본적 욕구가 충족돼 있는 것이다. 오늘날의 판매·영업 전략은 기본 욕구는 이미 충족돼 있지만 또 다른 욕구가 있는 대량의 구매자들, 즉 수많은 경쟁제품 가운데 선택을 할 수 있는 사람들에게 맞춰져야 한다.

 ## 상품의 독특한 소구력(訴求力)을 개발하라

세상에는 수많은 부품 생산업체가 있고 자동차 업체가 있고 전자제품업체가 있고 복사기 생산업체가 있다. 대량 구매자들은 이 수많은 업체 가운데 어느 회사 제품을 선택할지에 대해 혼란을 겪고 있다. 따라서 당신은 구매자가 요구하는 독특한 주문사항을 파악해 그 부분을 집중 공략해야 한다. 현대 사회에서는 상품을 단 한 번도 안 써본 사람이 새로 구입하는 일은 거의 없다고 해도 과언이 아니다. 이미 쓰고 있고, 선택의 폭도 넓다.

따라서 이렇게 기본적인 요구를 이미 만족하고 있는 사람들에게 접근하려면 새로운 아이디어든지, 가격 절감형이든지, 디자인이 새롭든지, 서비스가 철저하든지, 아무튼 뭔가 독특한 소구력이 있어야 한다.

정도의 문제는 있지만 실제로는 거의 모든 제품들이 이런 요소들을 가지고 있기 때문에 어떤 요소를 핵심적으로 중요시하는 고객인가에 따라 특별히 어필하는 요소들을 강조하는 데서부터 판매를 시작해야 한다. 이 점이 요즘 주류를 이루는 판매의 핵심 사항이다.

물론 누구라도 처음은 있다. 처음으로 회사에 복사기를 도입하는 신설회사가 있을 것이고 처음으로 전자제품을 생산하기 위해 부품을 구매하려고 알아보는 회사도 있을 것이다. 그러나 이런 신규 고객은 아주 드물다. 따라서 신규 고객을 개발하기 위해 정성을 쏟는 것보다는 기존 고객의 요구를 충족시키는 편이 훨씬 판매에 효율적이다.

내가 만난 판매·영업직 종사자 가운데 성공했다는 사람들은 모두가 후자, 즉 기존 고객에 정성을 쏟고 있다는 공통점을 갖고 있다. 생판 처음으로 부품 A를 접하는 신규 고객에게 이러이러한 제품이라고 처음부터 설명하는 것보다는, 이미 부품 A

를 쓰고 있는 고객에게 같은 제품이라도 본사가 생산하고 있는 부품 A는 그전에 다른 회사가 생산한 제품보다 이러저러한 점에서 훨씬 원가를 절감할 수 있다고 설득하는 편이 생산적이라는 뜻이다.

기존의 대량구매 고객을 개발하라

신규 고객을 찾아다니기보다는 당신의 전문분야를 개발하고 개척하여 그에 맞는 고객층을 찾아다니며 설득해야 한다. 그리고 사전지식이 있는 고객층을 분야별로 분류해서 그 계층에 맞는 접근방식을 택해야 한다. 물론 사전에 분류한 그 카테고리에 맞지 않는 고객이라고 해서 거절하라는 뜻은 아니다. 다소 시간이 걸리더라도 잘 관리하면 그 신규 고객이 평생고객이 될 수도 있으니까. 다만 시간 안배나 노력 안배를 할 때 자신이 가장 자신 있는 분야의 고객층에 접근해서 자신의 전문분야를 최대한 이용하는 것이 효율적이라는 뜻이다. 몇십 년 동안 부품 A를 써본 사람에게 새삼스럽게 이런저런 용도가 있다고 다시 설명해 봐야 소용이 없다. 이미 그 제품의 용도에 대해 해박한 사람이기 때문이다. 우리 회사가 생산해낸 부품 A야말로 다른 회사 제품과는 이러저러한 차별성이 있고, 원가를 크게 절감할 수 있으며, 이런저런 기능이 있다고 강조해야 한다.

- 고객이 무엇을 중요시하는가?
- 그 제품이 아주 고가품이어서 분할 지급 방식을 요구하나?
- 소비자 눈에 쌈박하게 어필할 수 있는 새로운 디자인을 요구하나?
- 보다 나은 애프터서비스를 요구하나?
- 제품이 아주 정교하고 복잡한 모델이어서 자주 찾아와서 기술 지도를 해주기를 요구하나?

이렇듯 고객마다, 시장상황마다, 회사마다 중요시하는 요구 사항이 제각각이다. 그 요구를 제대로 파악하는 것도 쉬운 작업은 아니다. 쉽지 않기 때문에 고객마다 다른 특징적인 요구를 알아내는 당신의 노력과 센스와 취재력이 돋보이는 것이다. 그리고 거기서 성공과 실패가 판가름 나며 판매·영업직에서의 당신의 경력이 결정된다. 거듭 강조하거니와 사전지식을 가진 대량 구매 고객에게 마구잡이식으로 밀어붙이기보다는 고객이 자신도 모르는 용도와 요구를 발견하도록 도와주는 세련된 접근방식을 구사해야 한다.

신규 고객을 완전히 무시하라는 뜻은 아니다. 신규 고객이 중요한 분야도 있다. 그러나 신규 고객이 중요한 분야라고 하더라도 단순히 신규 고객과 신규시장만 바라보는 것은 문제가 있다. 주변의 보험 설계사 아무에게나 물어보라. 신규 고객을 개발하는 것이 얼마나 힘든 일인지 누구라도 주저 않고 이야기해 줄 것이다. 우선 신규 고객을 찾아가서 보험의 필요성부터 구구절절 설명을 해야 하고 간신히 보험의 필요성을 납득시키고 난 후에는 어떠어떠한 경우는 이러이러한 보험이 맞고 그중에서도 고객의 경제 사정이나 나이에 비춰봐서는 특히 이런 보험이 맞는다는 것을 일일이 설명해서 납득을 시켜야 한다.

수많은 노력과 인내심, 상대방에 맞는 보험을 일일이 찾아줘야 하는 성실성이 필요하다. 그리고도 "네에, 필요한 건 알겠는데요, 지금은 들고 싶지 않은데요"라고 거절당하기 십상이다. 그러나 이미 보험을 들어봐서 보험의 필요성이 뭐고 중도 해지하면 어떤 불이익이 있고, 그러나 사고가 생기면 큰 도움이 된다는 기본적인 특징을 이미 인지하고 있는 고객이라면 일단 필요성을 설명하는 데 힘을 빼지 않아도 된다.

고객이 모르는 새로운 종류의 보험 가운데 고객의 요구에 보다 합당한 상품이 있다는 것을 약간만 '교육'시키면 된다. 연금보험은 몇 개나 들었는데도 암보험이나 성인병 특약을 가입하지 않는 사람에게는 건강보험을 소개하든지 기존 보험이 만기가 되면 새로운 상황에 맞는 이런 보험에 들라고 설득하면 된다. 그러면 훨씬 수월하게 상대방을 설득할 수 있고 결론을 내릴 수 있다.

객관적으로 설득하라

상대방을 합리적으로 설득하려면 객관적으로 상황을 파악하는 것이 중요하다. 객관성을 유지하라고 해서 자기가 판매하는 상품에 대해 열렬하게 말하지 말라는 뜻은 아니다. 열의를 갖되 객관성을 무기로 접근하라는 뜻이다. 당신 회사가 생산하는 부품이 어디가 어떻게 어떤 점에서 다른 상품과 차별화되는지를 강조하지 않고 그저 이 제품이 좋으니 써달라고 매달리듯 하면 거의 치명적이다(만약 당신이 이런 타입이라면 판매·영업직 종사자로서 당신의 앞날이 걱정된다). 상대방이 어떤 요소를 중요시하는지를 먼저 파악하고 핵심을 찔러서 접근해야 한다.

그렇다면 상대방이 중요시하는 요소를 잡아내는 법은 무엇인가? 그것은 고객의 나이와 성별과 출신 배경과 경력과 현재 위

치와 교육의 정도에 따라 당신이 판단해야 한다. 이 판단이야말
로 최종적으로 판매·영업의 성공과 실패를 가늠하는 요소이다.

06 넝쿨째 떨어진 호박도 잘 관리하라

감나무 밑에서 입을 벌리고 있다고 감이 저절로 떨어지지는 않는다. 우연히 전화로 거저 굴러들어온 거래를 할 때도 지나치게 빨리 판매를 마무리하려 하지 말고 직접 만나서 상대방을 이해하고 설명을 해서 기본적인 인간관계를 확립한 이후에 판매를 마무리하라.

때로는 호박이 넝쿨째 품 안으로 굴러들어오기도 하는 법이다. 당신은 언제나처럼 판매 업무를 하고 다른 판매처를 개척하기 위해 열심히 공을 들이고 있는데 갑자기 난데없이 잘 모르는 사람이 스스로 전화를 해서 당신이 납품하려는 제품을 사거나 납품을 받고 싶으니 만나자고 하는 경우도 있다. 죽어라 노력해도 한 건을 개척하기가 힘든 판에 그쪽에서 먼저 관심이 있으니 만나자고 하면 호박이 넝쿨째 떨어지는 것이 아닌가! 이런 경우 당신이 기뻐하며 흥분하는 것은 당연하다. 그 기분을 충분히 이해한다. 그러나 잠깐, 여기에 뭔가 심리적 함정은 없을까?

처음 그런 전화를 받고 상대방을 만나면 당연히 판매·납품

계약을 서두르려고 할 것이 분명하다. 왜냐고? 거래처를 하나 개발하기 위해 당신은 하루 종일 고객을 만나기 위해 애를 쓰고 관계를 설정하기 위해 노력하고 설득하고 진땀을 뺀다. 그런 판에 누군가가 당신 회사 제품을 구매하고 싶다고 하면 당연히 모처럼 찾아온 이 좋은 기회를 놓치지 않기 위해 한시라도 빨리 계약을 성사시키고 싶을 것이다.

그러나 이 장에서 내가 강조하고 싶은 것은 이럴 때라도 결코 서두르지 말라는 것이다. 당신이 서두르는 것을 알아차리면 상대방은 어, 이거 너무 빠르게 이야기가 진행돼 내가 실수하는 것 아닌가 하는 기분이 들게 될 것이다. 따라서 그런 전화를 받으면 우선 깊이 숨을 쉰 다음 속으로 열까지만 세라. 그리고 다음과 같은 단순한 절차를 밟는 것이 좋다.

세단계의 절차

1단계: 우선 침착하게 응대한다. 그리고 전화상으로나마 상대방에 대해 물어보고 자신에 대해서도 소개하면서 기본적인 유대 관계를 확립하는 것이 필요하다.

처음 전화를 받게 되면 상대방이 어떤 성격인지, 조심스러운지, 성급한지, 화끈한지, 꼼꼼한지 전혀 알 방법이 없다. 따라서 전화를 받자마자 곧바로 비즈니스 이야기를 하면서 "자, 내일이라도 당장 만나서 계약서를 쓰죠" 하고 서두르면 상대방은 지나치게 열렬한 당신의 반응에 놀라서 움츠러들지도 모르고 당신을 성급하고 무례한 사람이라고 생각할 수도 있다.

이런 경우 십중팔구 상담은 깨지게 된다. 상대방은 당신이 설명한 내용을 예의바르게 듣고 나서 "잘 알겠습니다. 다른 데서 또 알아보고 다시 연락드리죠" 하면서 전화를 끊는다. 그리고 장담하거니와 다시는 전화하지 않는다. 그러므로 당장 비즈니스 이야기로 들어가지 말고 "네, 전화 잘 주셨습니다. 그런데 어디 회사 어느 부서에 근무하시는지요?" 하는 등의 자연스러운 질문으로 상대방을 파악하도록 한다. 상대방의 설명을 계속해 듣다 보면 상대방이 어떤 성격인지 대강 파악이 될 것이다.

2단계: 상대방이 왜 전화를 했는지를 파악하라.

예를 들어 "전화 주셔서 정말 반갑습니다. 제가 최선을 다해 도와드리겠습니다. 그러자면 어떤 상황에서 전화를 하셨는지를 먼저 말씀해 주시면 제가 좀더 나은 서비스를 해드리는 데 도움이 되겠는데요" 하는 등의 말로 상대방의 현황을 유도한다. 이 같은 현황 파악은 중요한 절차다. 상대방의 문제점을 들지 않으면 어떤 방식, 어떤 조건으로 어떤 물건을 납품해야 할지 전혀 감을 잡을 수 없기 때문이다.

진공상태에서 거래되는 상품은 없다. 반드시 그 상품을 사게되는 동기와 환경이 존재한다. 스스로의 절박한 필요 때문에 당신에게 전화한 사람이라도 그 사람에게 정말로 필요한 제품을 적절한 방식으로 공급하려면 상대방의 입장에 대한 이해와 상대방의 문제를 같이 생각해 보려는 자세가 반드시 필요하다.

따라서 상대방의 설명을 주의 깊게 듣고 상대방이 어떤 상황인지, 어떤 형태의 문제점에 봉착해 있는지, 가장 필요로 하는 것이 무엇인지 정보를 얻어야 한다. 상대방의 급한 마음을 이용해서 무조건 계약 성사를 서두르는 것은 바람직하지 않다.

3단계: 전화로 개략적인 상황을 청취한 후에는 직접 한번 만나서 구체적인 이야기를 하자고 요청한다. 설령 상대방이 정말 다급해서 전화로 계약을 맺자고 해도 가능한 한 직접 만나서 이야기를 해본 다음 계약을 하는 것이 정말로 상대방에게 도움이 된다는 사실을 설득한다.

무덤덤한 상담을 인간적 교감이 넘치는 대화로
바꿔라

상대방이 먼저 연락을 해왔다고 해서 그것을 '확실한 물건'이라고 과신하지 말라. 판매라는 것은 가능한 한 수많은 경우의 수를 자신에게 유리한 상황으로 바꿔서 최종적 계약을 맺는 것이다. 그리고 그 계약은 되풀이되는 것이라는 점에 유의할 필요가 있다.

전화 저편에 있는 무감동한 '고객'을 유대관계가 있는 당신의 사람으로 바꿔야 하며 그러기 위해서는 무덤덤한 상담을 따뜻한 배려와 인간적인 교감이 넘치는 대화로 바꾸기 위해 노력할 필요가 있다.

07 상품의 "유연성"에 대해 연구하라

판매를 할 때 꼭 한 가지 용도로만 제품을 판매하는가? 그렇다면 다른 용도로 사용할 수 없는지 탄력적으로 사고해서 판매하라. 이것이 제품 판매의 유연성이다. 간단한 클립 (Clip)만 하더라도 수많은 용도가 있다. '음식을 장난감으로'라는 아이디어로 히트한 상품이 '젤로(Jell-O)'다.

이번 장에서 생각해 볼 주제는 기존의 제품이나 서비스를 어떻게 다른 곳에 응용할 수 있는가이다. 고객들의 요구나 주문은 조금씩 다르게 마련이고 고객들이 전혀 생각하지 못한 용도로 제품을 사용할 수도 있기 때문이다.

나는 내가 주관하는 세미나마다 수많은 제품·서비스의 '유연성(Malleability)'에 대해 이야기하곤 한다. 제품과 서비스의 유연성이란 무엇인가? 그것은 제품의 융통성, 다시 말해 다른 곳에 응용할 수 있는 가능성을 의미한다.

치과의사가 금이나 은을 충치 메우는 데나 틀로 만들어 이에 씌우는 데 사용하는 이유는 금속의 유연성, 즉 가소성(可塑性) 때문이다. 금이나 은은 녹이 슬지 않으면서도 가소성이 높아

치아 모양대로 자연스럽게 모양이 만들어져 충치 먹은 이에 부드럽고 저항감 없이 씌워지는 것이다. 그리고 오랫동안 이를 보호한다.

같은 비유를 제품과 서비스에도 할 수 있다. 당신 회사가 생산하고 있는 제품이나 제공하는 서비스의 일반적인 용도에만 집착하지 말고 뭔가 고객 한 사람 한 사람마다 조금씩 다른 요구를 하는 점에 착안해 제품이나 서비스를 유연성 있게 응용하는 방법을 연구하고 개발해야 한다.

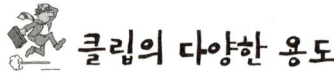 클립의 다양한 용도

예를 들어 보자. 클립이 있다. 뭣에 쓰는 것인가? 당연히 종이 몇 장을 묶는 데 쓰며 그런 용도로 제품 설명서에 설명이 되어 있다. 그러나 당연하다고 여기고 무심히 넘어가기 전에 잠깐, 클립의 용도가 반드시 그것뿐일까를 생각해 보자. 집에 굴러다니는 클립을 무엇인가 다른 용도로 써본 적은 없는가? 장담하거니와 반드시 있을 것이다.

우선 한쪽 끝을 직각으로 세워서 사진이나 메모지를 꽂은 후 동그란 끝부분은 벽에 박힌 못에 걸어서 메모지나 사진 걸이로 사용한 적이 있을 것이고 느슨해진 안경 나사를 조이는 데도 썼을 것이다. 그뿐이랴, 좀 지저분하기는 하지만 손톱 사이에 낀 때를 없애는 데도 한번쯤 써본 일이 있을 것이다. 장식용 체인을 만드는 데 클립을 이용하기도 한다. 내 경우는 좀더 창조적(?)이고 위험한 용도로 클립을 사용한 적이 있다. 무슨 이유에선지 컴퓨터 디스켓이 드라이브에서 안 빠져서 클립을 펴서 살살 디스크를 빼낸 적이 있다.

이런 식으로 열거하기 시작하면 아마도 클립으로 할 수 있는 일이 1백 가지가 넘을 것이다. 간단한 제품인 클립에 이렇게 무궁무진한 용도가 있는데 하물며 당신 회사가 생산해 내는 훌륭한 부품에 한 가지 용도만 있을 리가 없다. 다만 이 제품은 이런 용도로만 쓰이려니 하고서 별로 다른 용도에 신경을 쓰지 않았기 때문에 다른 용도를 개발하지 못했을 따름이다.

베이킹 소다와 냉장고

가령 당신 회사에서 빵을 부풀리는 데 쓰는 베이킹 소다를 생산하고 있다면 반드시 제과회사에만 납품하고 말 것일까? 베이킹 소다는 냉장고 냄새를 없애는 데도 쓸 수 있기 때문에 일반 가게에도 팔 수 있고 냉장고 회사와 제휴를 맺을 수도 있다. 냉장고 회사와 계약을 맺고 "본사 냉장고를 사면 A 회사 베이킹 소다를 무료로 드립니다" 하는 방식으로 광고를 하는 것이다. 실제 베이킹 소다를 생산하는 암 앤 해머(Arm & Hammer)사는 단순히 제과회사에 납품하는 데 그치지 않고 일반 주부들을 상대로 한 광고에서 냄새제거제로서의 기능을 강조하고 있다.

음식 장난감 젤로의 성공

또 한 가지 예를 들어 보자. 음식 가지고 장난하지 말라는 어른들의 준엄한 가르침은 서양이나 동양이나 마찬가지다. 그러나 잠깐, 발상의 전환을 해서 음식을 가지고 마음껏 장난을 하게 해보면 어떨까? 음식을 가지고 장난하고 놀고 싶어 하는 아이들의 심리와 음식을 가지고 장난하면 테이블이 엉망이 되고 애들 옷도 지저분해지기 때문에 이를 말리는 부모의 심리를 동시에 만족시키는 음식 장난감은 없을까? 이런 발상의 전환을 통해 음식이란 반드시 먹고 위를 채우는 것만이 아니라 재미있게 가지고 노는 것이라는 아이디어를 제품에 적용한 회사가 젤로(Jell-O)다.

이 회사는 색색의 젤라틴을 곰과 사자, 허수아비, 미키마우스, 귀여운 생쥐 등 동물에서부터 집이나 미끄럼틀에 이르기까지 갖가지 모양의 틀로 찍어내 냉장고에 얼려 만들어서 가지고 놀다가 나중에 먹는 광고를 대대적으로 냈다.

어린이들이 식탁에 앉아 젤을 틀에 넣어 사자 모양으로 찍어 내서 가지고 놀다가 나중에 입에 쏙 넣는 그런 광고였다. 젤로 사의 광고는 엄청난 히트를 쳤다. 그리고 젤로 한 봉지마다 틀을 하나씩 공짜로 넣어줬더니 수많은 틀을 공짜로 얻으려고 너도나도 젤로를 사는 바람에 판매는 기하급수로 늘어나기 시작했다. 사람들은 젤로 팩을 한두 개 사는 것이 아니라 한꺼번에 잔뜩 사들여서는 집에서 어른 아이 할 것 없이 각양각색의 젤로를 틀에 찍어내는 과정을 즐겼다.

자, 그렇다면 젤로는 장난감일까 아니면 과자일까? 둘 다 맞다. 그리고 이것이 바로 상품의 유연성이며, 당신이 어떤 제품이나 서비스를 공급하건 간에 반드시 생각해 봐야 할 것이 이 유연성, 즉 응용성이며 발상의 전환이다.

 ## 발상의 전환이 필요하다

지금 당장 반성해 보라. 지금까지 외곬으로 한 용도에만 집착하고 고객에게 접근했던 것은 아닐까? 다른 각도에서 생각해 보면 어떨까? 고객이 요구하는 것 가운데 당신 회사 제품이

만족시키지 못하는 어떤 부분도 잘 생각해 보면 뭔가 해결책이 생기지 않을까? 발상의 전환을 과감하게 해보면 어떨까? 용도가 제한되면 이를 요구하는 고객층도 제한이 된다. 만약 뭔가 새로운 용도를 발견해 낼 수 있다면 고객층이 갑자기 두 배로 늘어나며 당신의 판매고도 두 배 이상으로 늘어날 것이다.

갑자기 당신에게 헨리포드(미국 최초의 자동차 생산자)나 토마스 에디슨이 되라고 강요하는 것은 아니다. 제품의 다른 용도나 쓰임새를 찾아내기 위해 당신 스스로가 발명가나 엄청난 기업가가 될 필요는 없다. 그런 일은 개발부에 맞기면 된다. 당신이 해야 할 일은 이미 개발된 제품이나 서비스가 뭔가 다른 용도로도 쓰일 수 있지 않을까, 가령 지금까지 가전제품회사에만 납품하는 부품이었다면 자동차생산에도 응용이 될 수 있는 여지는 없을까, 이런 것들을 생각하면 된다.

중요한 것은 이런 데에 끊임없이 신경을 쓰고 관심을 갖는 마음자세이다. 한꺼번에 너무 많은 것을 생각할 필요도 없다. 우선 한 가지만 다른 용도를 생각해 보라. 뭐든 한 건이 성공한다면 비단 당신 자신의 판매고를 높일 수 있을 뿐 아니라 생산자의 생산량이나 제품 사용자들의 생활 패턴까지도 바꿀 수 있게 된다. 자, 당신의 반짝이는 아이디어 하나로 세상이 바뀌는 것이다.

08 당신은 경영 컨설턴트

고객의 문제를 해결하기 위해 종합적으로 판단해야 한다. 그런 점에서 당신은 판매 전문가인 동시에 경영 컨설턴트다. 해결책을 마련하기 위해 시간이 필요하면 서두르지 말고 여유를 가지는 것이 좋다.

몇 년 전에 새 고객과 상담을 하는 과정에서 완전히 벽에 부딪혀 고민을 한 적이 있다. 새로운 판매·영업 프로그램을 개발해 주는 것이 내 일이었는데 새로 개발한 프로그램이 회사 체제와 맞지 않아 잘 작동하지 않는 것이었다. 그래서 나는 그 회사 담당 이사에게 이렇게 이야기했다.

"찰리, 여기서 잘 안 되는 걸 가지고 더 애를 써 봐야 별로 잘될 것 같지가 않으니 나에게 일주일만 시간을 주시지요. 이 문제를 가지고 가서 혼자서 좀더 생각해 본 후에 새롭게 아이디어를 개발해서 다시 만납시다. 내가 새로 개발한 프로그램이 괜찮거든 거기서부터 다시 이야기를 시작하지요."

그가 내 생각에 동의했기 때문에 나는 혼자서 이런저런 궁리를 한 끝에 결국 그 회사 시스템에 잘 맞도록 프로그램을 개조하는 데 성공했고 결국 그 회사에선 내 프로그램을 구입했다.

나중에 왜 그때 그렇게 해결을 못하고 끙끙대며 고민했는지를 곰곰이 생각해 본 결과 무엇을 잘못했는지를 깨달았다. 나는 그 회사의 문제를 전체적인 관점에서 파악하지 못하고 단순히 판매·영업 파트에 대한 일반적인 평가를 내리는 것으로만 생각했던 것이다.

평가를 내리는 것은 단순한 업무이다. 그러나 그 평가를 근거로 해결책을 제시하는 것은 복잡하고 정교한 계산과 사고를 필요로 한다. 단순히 해당 부서만 볼 것이 아니라 생산부서, 마케팅 부서 등과의 관계를 유기적으로 이해하고 그 연결고리하에서 궁극적인 해결책을 제시해야 하는 것이다.

 ## 경영 컨설턴트가 되라

자, 이쯤 되면 내가 무엇을 말하고자 하는지를 명백하게 알아차렸을 것이다. 이 장에서 강조하고 싶은 것은 단순히 판매하고 납품하는 데만 열중하지 말고 경영 컨설턴트의 입장에서 고객회사의 전체적인 문제해결을 생각해 보라는 것이다.

경험적으로 보건대 판매·영업 실적이 뛰어난 사람들은 반드시라고 해도 좋을 만큼 경영 컨설턴트로서의 자질을 지니고 있다. 전체적인 구도 속에서 생각하지 못하고 단순히 목전의 판매고에만 연연하는 사람들은 결코 프로 영업인이 될 수 없다.

예를 들어보자. 당신이 자동차 판매 영업소를 경영하고 있는 사람이거나 자동차 생산회사 마케팅을 하는 사람이라면 교통문제 전반을 생각해야 종합적인 판매 증진 방안을 마련할 수 있다. 그냥 맨투맨으로 접근해서 차를 파는 것만으로는 판매에 한계가 있다. 그러나 교통문제 전반으로 접근한다고 가정해 보자. 요즘처럼 전반적으로 소득수준이 떨어지고 휘발유가격과 교통세가 천문학적으로 오르고 주차요금도 오르는 상황을 전반적으로 고려하고 거래 기업으로 하여금 회사 영업용 차량을 소형차로 바꾸도록 설득하는 작전을 생각해 볼 수 있다. 아니면 그 기업의 독특한 회사 문화나 형편을 고려해 차종을 바꾸도록 권해 보면 어떨까.

만약 당신이 컴퓨터를 납품하는 업종에 있다면 종이 없는 사무실의 큰 그림으로 업무 효율을 높이는 접근방식을 고려해야 할 것이고 휴대폰을 납품하는 업체라면 통신문제 전반을 생각해서 접근해야 할 것이다. 그리고 그런 큰 틀 속에서 특정 회사

의 특정 문제를 잡아내 상대방에게 이야기하고 함께 의논하는
과정에서 해결책을 모색해야 할 것이다.

 ## 설득의 포인트:
생산성과 효율성, 그리고 원가절감

수많은 판매·영업 종사자들에게 경영 컨설팅 원칙이 간단하
게 적용될 수 있다.

가령 다른 회사에 대량 납품을 하고 싶다면 가장 크게 고려
해야 할 사항이 어떻게 하면 납품을 받는 회사의 생산성과 효
율을 높여 원가를 절감할 수 있도록 하느냐이다. 또 어떻게 하
면 상대방 회사의 판매고를 높일 수 있느냐를 고려해야 할 것
이다. 이 두 가지 원칙은 상대방을 설득할 때 가장 강조해야 할
요소이기도 하다.

모든 논의, 모든 해결방식, 모든 접근방식이 이 두 가지 원칙
에 기반을 두어야 한다. 당신의 전략은 상대방으로 하여금 당
신이 판매하는 제품을 써야 효율성이 높아지고 회사에 이익이
된다는 점을 납득시키는 것이다. 이 원칙을 재삼재사 확인하고
여기에 초점을 맞추는 것만으로도 판매 성공의 지름길에 접어
들었다고 자신 있게 말할 수 있다.

이 과정에서 설령 상대방 문제는 해결해 줬는데 판매에는 성공하지 못했다고 해도 상대방에게 도움이 된 것만으로도 자족하는 것이 좋다. 도움을 받은 기업이 이번에는 아니더라도 다음에 당신의 고객이 될 가능성이 높기 때문이다.

만약 상대방을 돕는 것을 기본 목적으로 할 수 없다면, 열심히 상대방의 입장에 서서 상대방의 이익을 최대화하는 데 최선을 다하지 않는다면, 판매·영업직에서의 당신의 경력은 별로 기대를 할 수 없다고 해도 과언이 아니다. 기껏해야 상대방을 교묘하게 설득해서 한두 건 판매하거나 납품하는 것으로 끝날 뿐 다음을 기약할 수 없거나 실패에서 실패로 이어지는 불행한 경력을 각오해야 한다.

사전적 의미의 컨설팅은 각종 정보를 수집하고 그 정보를 바탕으로 해결책을 제시하며 해결의 방법론을 모색하는 것이다. 내 생각으로는 엄격한 의미의 프로정신에 기초한 판매나 영업은 컨설팅의 사전적 의미에 그대로 부합된다고 할 수 있다. 따라서 당신은 세일즈를 하면서 동시에 고객의 경영 컨설팅을 해주는 자세를 가져야 한다. 상대방 입장에서 상대방의 형편이나 사정을 제대로 청취하고 정보를 수집해서 이를 바탕으로 문제해결을 위한 노력을 하고 이 문제해결에 당신이 납품하려는 제품이 어떤 방식으로 도움이 될 수 있는지를 상대방에게 설득하는 것, 여기까지는 판매활동이나 경영 상담이나 똑같은 과정이기 때문이다.

상대방이 이를 납득하고 합리적이라고 생각해서 받아들일 경우 오랫동안 상호존중과 프로페셔널리즘에 기초한 인간관계가 유지되는 것도 역시 똑같은 결과라고 할 수 있다. 따라서 상대방에 대한 경영 컨설턴트라고 생각하고 행동하라. 당신의 장래 성공은 이런 마음자세를 갖으려고 얼마나 노력하느냐에 달려있다.

09 처음 방문 때 다음 약속을 정하라

처음 방문하고 난 직후에 괜히 머뭇거리지 말고 다음 약속을 그 자리에서 하는 것이 좋다. 이 책에서 가장 쉬운 충고지만 의외로 많은 사람들이 이를 따르지 못한다. 그리고 항상 일정표를 가지고 다녀라.

이 책에서 가장 실천하기 쉬운 충고일지도 모르지만 일반적으로 판매 · 영업 종사자들이 무의식적으로 가장 무시해 버리기 쉬운 충고이기도 하다. 또 어처구니없게도 다음 약속을 하자는 말을 꺼내기를 두려워하는 사람도 있다.

내가 만난 신출내기 판매 · 영업사원 하나는 "스티브, 어렵게 고객을 만나서 간신히 말문을 텄는데 상대방이 바빠하는 것을 빤히 알면서 차마 다음에 언제 다시 만나자, 이렇게 말을 못 꺼내겠더군요" 하고 말했다.

그 말을 듣고 나는 깜짝 놀라지 않을 수 없었다. 아니, 상대방이 어느 정도 관심이 없다면 왜 당신을 만났겠는가? 아무리 당신이 졸랐다고 하더라도 그 바쁜 시간에 만나줄 리가 없다.

일단 한번 들어 보고 판단하자는 생각이 있었을 것이다. 들어 본 후에 설령 흥미가 없다고 결론을 내렸더라도 당신 입장에서 는 반드시 다음에 만날 시간과 날짜를 물어봐야 한다. 상대방 이 정 흥미가 없다면 이 거래에 관심이 없다고 분명히 말을 해 주든지 아니면 예의상 다음에 시간이 날 때 전화를 해주겠다고 응답할 것이다. 아니면 언제쯤 다시 한 번 전화를 해달라고 요 청할 것이다. 중요한 것은 처음 만나서 어느 정도 설명이 끝난 후에는 반드시 다음에 언제 만날지를 분명하게 물어봐야 한다 는 것이다.

이 점은 너무 당연하고 분명해서 내 생각으로는 이견이 있을 수가 없을 것 같은데 의외로 많은 사람들이 다음 약속 시간을 분명하게 정하는 것에 대해 주저하고 뜨악한 표정을 짓기 때문 에 나 스스로가 놀란 적이 있다. 첫 고객 방문 도중에 다음 약 속을 받아내야 한다는 내 주장에 대해 다음과 같은 반응들을 보였다.

"나 스스로가 언제 준비가 될지 잘 모르는데 어떻게 분명한 시간 약속을 할 수가 있겠어요?"

"납품 제안서를 언제 다 쓸 수 있을지 잘 몰라서 시간 약속을 할 수가 없습니다."

"고객이 원하는 가격 목록을 다 작성하는 데 시간이 걸려서 정확한 다음 약속을 못하겠습니다."

"고객이 내가 한 이야기에 흥미가 있는지 없는지도 잘 모르는데 어떻게 다음 약속 이야기를 꺼낼 수 있겠어요?"

우습게 들리겠지만 위에 든 예가 실제로 내가 들은 갖가지 핑계들이다. 믿을 수 있겠는가? 만약 정말로 고객이 원하는 정보를 수집하거나 전체 가격을 산정하거나 제안서를 마련하거나 하는 데 시간이 얼마나 걸릴지 모르겠거든 약간의 시간 여유를 두어 적당한 시간을 추정한 후 그에 따라 약속을 정하라. 그리고 나서 반드시 그 시간에 맞추도록 노력하는 게 낫지 언제 될지 모른다고 일단 물러나 버리면 그 관계는 기약이 없어진다. 당연히 판매나 납품 성공과는 거리가 수만 리 멀어지고 당신의 경력에 또 하나의 오점이 찍힐 가능성이 높아진다.

그렇다면 다음 시간 약속을 받아내기 위해 말을 꺼냈다고 치

자. 가장 최악의 상황이 무엇일까? 거절당하는 것이다. 그렇다고 한들 뭐가 두려운가? 밑져야 본전인데.

처음으로 되돌아가서 생각해 보자. 왜 이 고객과 만날 약속을 했는가? 고객은 또 왜 당신을 만나겠다고 했을까? 당신을 위해서였을까? 당신이 치료를 받기 위해 의사를 만나기로 했던 것인가? 천만에. 의사는 오히려 당신 쪽이다. 상대방은 뭔가 얻을 것이 있을 것으로 기대하고 당신을 만난 것이고 당신은 상대방의 문제를 파악하고 그 문제를 해결해 주면서 동시에 당신의 매출을 늘리기 위해 만난 것이다. 이 목적을 달성하기 전에는 단념해서는 안 된다. 상대방이 확실히 거절하는 의사를 분명히 하기 전에는 항상 다음 약속에 대한 가능성은 상존하는 것이고 그 가능성을 마지막 순간까지 활용하는 것이 당신의 역할이며 임무이다. 그리고 다음 약속을 자연스럽게 받아낼 수 있는 가장 적당한 타이밍은 바로 지금 이야기를 나누는 순간이다. '다음에 전화를 해서 상대방 스케줄을 알아보고 다시 한 번 만날 약속을 해야지' 하고 생각하는 것은 다음 약속을 점점 어렵게 만든다. 따라서 처음 방문했을 때 반드시 다음 약속 시간에 대한 언질을 받아내야 하는 것이다.

자, 서먹서먹한 첫 만남이 끝나고 당신이 방문한 목적에 대해서도 어느 정도 이야기가 진전된 상황에서 약속한 시간이 거의 끝나간다. 물론 정작 판매 여부를 결정하기까지는 아직도 많은 논의가 필요하다. 옆에는 양쪽 모두 일정표가 있고 물론 필기도구도 있다. 자연스럽게 일정표를 꺼내면서 좀더 자세한 정보를 가지고 "자, 지금까지 많은 도움 말씀을 들었습니다. 오늘 하신 말씀과 관련해서 저희들이 상당한 도움이 될 수 있을 것 같아서 다시 한 번 찾아뵙고 자세한 말씀을 드리고 싶은데 언제가 좋으실까요? 다음 주 목요일쯤 어떠십니까?" 하고 묻는다.

약속을 받아내는 데 있어 이보다 더 좋은 타이밍이 있을까? 질문 후에는 고객의 반응을 지켜본다. 그리고 그 반응에 따라 다음 행동을 정한다.

10 메모하고 또 메모하라

고객을 만나 이야기를 할 때 중요한 포인트를 메모하는 습관을 기르는 것이 좋다. 이해
를 높일 뿐만 아니라 상대방으로부터 정보를 가능한 한 많이 끌어내는 데도 좋은 수단
이 된다. 상대방은 당신을 호의적으로 보게 될 것이다.

고객과 만나서 이야기를 나누고 정보를 교환하는 과정에서
제대로 메모하는 습관을 길러두면 판매·영업직 종사자로서의
당신에게 평생 큰 도움이 될 수 있다는 사실을 명심하자. 이야
기를 풀어나가면서 동시에 깨끗한 수첩을 꺼내서 듣고 있는 정
보를 정확하게 메모하기 시작한다. 고객이 가진 문제점들을 메
모하다 보면 해결 방법이 무엇인지에 관심을 갖게 되고 잘만
하면 해결책의 실마리를 즉석에서 발견할 수 있다.

 ## 집중해서 듣기

메모를 하다 보면 듣기 집중력이 높아진다. 학교 다닐 때의
경험을 되살려 보자. 선생님이 열심히 설명하는 내용을 그냥

앉아서 멍하게 듣고 있다 보면 50분 수업 후 뭘 들었는지 가물 가물하지만 열심히 노트에 중요 단어나 개념을 메모하면서 듣고 나면 전체적인 집중력이 훨씬 높아지고 무슨 내용을 들었는지 큰 그림이 머릿속에 그려진다. 똑같은 원리가 판매·영업의 경우에도 적용된다.

권위

진지한 표정과 몸가짐으로 메모하는 모습 그 자체로도 침착한 권위를 나타내 보일 수 있다. 처음 고객과 이야기를 시작하는 첫 20~30분 사이에 메모를 하는 모습만으로도 상대방에게 신뢰를 줄 수 있다. 신뢰는 당연히 당신에 대한 호감으로 이어진다. 단순히 차분하게 메모하는 그 자체만으로도 얼마나 도움이 되는지 놀라울 정도다.

분석적인 능력

메모를 하면 당신의 분석적인 능력이 동시에 높아진다. 메모를 한다는 것은 촉각과 청각, 시각을 모두 동원해야 하는 종합적인 작업이기 때문이다. 그냥 멍하니 수동적으로 듣고 있는 것보다는 이처럼 세 가지 감각을 동시에 동원하면 뇌파가 자극을 받고 분석적인 능력을 이끌어내게 된다.

 ## 고객의 마음을 열기

메모를 하는 것은 고객의 마음을 열고 자기가 가진 정보를 나누기 위해 말문을 열게 하는 데 결정적인 역할을 한다. 내가 이런 이야기를 세미나에서 하면 과연 그럴까 의심을 하는 사람이 많은데 여러 생각하지 말고 한번 직접 실행해 보면 그 효과를 실감할 수 있을 것이다. 나 역시 세미나를 할 때마다 그 효과를 매번 느끼고 있다.

내가 그냥 청중들 앞에 서서 "우리가 지금까지 논의한 방식의 좋은 점이 뭐라고 생각합니까?" 하고 물을 때는 조용하기만 하다가도 칠판에 큼직하게 "논의 방식의 장단점은?" 하고 질문 내용을 써놓고 다시 질문을 하면 여기저기서 의견을 말하려는 사람들이 나타난다. 단순히 청각적인 교류보다는 시각과 청각을 동시에 동원할 경우 효과가 더 큰 것은 당연한 일이거니와 그보다는 칠판에 질문 내용을 써놓음으로써 청중들에게 보다 공식적으로 "자, 이것이 오늘 토의할 주제다"라는 사실을 선언하는 효과가 있는 것이다.

긍정적인 시그널(Signal)

고객의 말 가운데 중요한 내용을 메모하는 모습을 보여줌으로써 당신은 이미 그 자체로 고객에게 긍정적인 시그널을 전달하는 것이 된다. 가령 고객이 "우리 회사는 트럭이 500대 정도 있고 트럭 한대에 75개의 부품을 싣습니다. 그리고 1년에 320일 정도를 운송하고 있습니다"라고 설명했을 때 당신이 "500×75×320=12,000,000"이라는 내용의 메모를 살짝 보여주면서 "제가 적은 게 맞습니까?" 하고 확인하면 장담하건대 상대방은 적지 않은 감동을 받는다. 우선 분명한 사람, 정확한 사람, 계산이 분명한 사람이라는 좋은 인상을 받게 되고 자기 말을 주의 깊게 듣는 것을 확인하고는 호감을 갖게 된다. 자기 말을 잘 듣는 사람에게 불쾌감을 느낄 사람은 없기 때문이다.

 ## 제안

메모를 할 때 나는 그냥 종이쪽지에 하지 말고 글씨를 쓰는 데 아무 지장이 없는 메모첩이나 바인딩이 제대로 된 수첩을 쓰기를 권한다. 종이쪽지에 메모를 할 경우 뒷받침이 없어 불편한 모습을 보이게 되어 별로 좋지 않을 뿐만 아니라 상대방이 당신의 불편한 자세에 자꾸 신경을 쓰게 되어 마음이 분산

될 가능성이 있기 때문이다. 메모를 하되 차분하고 여유 있는 모습을 보일 수 있도록 제대로 만들어진 메모첩을 사용하라. 더 좋은 것은 깨끗하고 고급스러워 보이는 수첩에 메모하는 것이다.

11 새 고객을 만날 때마다 새로운 계획을 세워라

당신은 매일 새로운 환자를 만나는 의사와 같다. 비슷한 증세를 보이는 수백 명의 환자를 봤다고 해서 새로운 환자를 대강 보아 넘길 수 없는 것처럼 새로운 고객을 만날 때마다 전혀 새로운 마음으로 접근해야 한다.

나는 새 고객을 만날 때마다 나 스스로에게 묻곤 한다. "내가 이제부터 만날 사람은 전혀 새로운 사람이야. 전에 한 번도 만나보지 않은 사람이지. 어떻게 하면 이 사람을 만나서 전과 다르게 해볼 수 있을까?"

고객을 만나기 전에 반드시 마음속에서 확인해야 할 사항은 세일즈 상담이라는 것이 당신에게는 수십 번, 수백 번 되풀이되는 판매·영업 사이클이나 방식이지만 당신을 만나는 고객 입장에서는 완전히 새로운 경험이라는 점이다. 당신에게는 너무 익숙한 일이어서 흔히 상대방 역시 이 같은 판매 사이클이나 방식에 사전 지식이 있을 것이라고 속단하기 쉽지만 천만에, 상대방에게는 완전히 새로운 상황인 것이다.

이 같은 무의식적인 인지적 함정, 수백 번을 되풀이한 이 과정을 또다시 해야 하나 하는 일상적 지루함을 극복하기 위해 내가 추천하는 방식 가운데 하나는 고객이나 고객이 일하고 있는 회사에 대한 정보를 사전에 수집해서 정리하고 문서화하는 것이다. 양식을 컴퓨터 파일에 정리해서 사람이 바뀔 때마다 새로운 내용을 정리하는 것이다.

유형화하는 어리석음에서 벗어나라

수많은 사람을 거의 똑같은 목적으로(납품을 하거나 판매를 하려는 목적으로) 만나다 보면 비슷한 유형의 사람들을 만나서 비슷한 경험을 하게 마련이다. 따라서 상대방을 속단하고 유형화해 버리는 어리석음을 범하게 된다. '나는 저런 부류의 사람들을 너무 잘 알아. 얼마 전에 만난 ABC회사의 영업부장과 똑같은 유형의 사람이지. 두 사람 다 사소한 일에 너무 까다롭게 구는 사람들이야.'

그러나 당신이 성공하려면 이런 유형화의 함정에서 벗어나야 한다. 어떻게 세상에 같은 사람이 있겠는가? 얼핏 보기에는 둘 다 사소한 일에 목숨을 거는(?) 까다롭고 소심한 사람들 같아 보이지만 그렇게 보이는 이유가 각각 다를지도 모른다.

한 사람은 정말로 큰 줄거리를 못 본 채 작은 일에 언성을 높이는 사람일지도 모르고, 다른 한 사람은 큰 일이든 작은 일이든 꼼꼼하게 챙기는 완벽주의자인지도 모른다. 후자의 경우라면 당신이 배울 점이 많은 사람임에 분명하다.

사람을 유형화하는 어리석음뿐만 아니라 문제를 유형화하는 어리석음에서도 벗어나야 한다. 두 사람의 다른 고객이 이야기하는 문제들이 얼핏 보기에는 비슷해 보일지 몰라도 어느 한 사람이 제기한 문제는 자신의 생각을 늘어놓은 것일 뿐 회사 자체의 문제와는 아무 상관이 없는 경우일지도 모른다.

반대의견을 내는 사람에게 귀를 기울여라

걸핏하면 반대의견을 내놓곤 하는 고객들을 만나면 짜증이 나는 것은 인지상정이다. 그러나 '또야!' 하는 생각으로 상대방 말을 한귀로 듣고 한귀로 흘려보내면 큰 손해를 볼 수 있다. 반대의견을 자주 제시하는 사람이야말로 엄밀한 의미에서 당신을 믿고 있는 사람인지도 모른다. 좀 이상하게 들릴지도 모르지만 사실이다.

단순히 당신을 스쳐 지나가는 사람으로 생각한다면 심각하게 반대의견을 내놓을 리도 없다. 반대의견을 제시하면서 진지하게 토론하는 사람이라면 당신에게 중대한 정보를 제공하는 것이나 다름없다. 따라서 반대의견을 제시하고 까다롭게 구는 고객으로부터 문제의 핵심을 재빨리 파악해 내고 무엇이 정말 문제인지에 대해 힌트를 얻어야 한다. 열심히 듣는 것은 성공의 지름길이다. 많이 이야기하는 것보다 많이 듣는 것이 훨씬 얻는 것이 많다. 반대의견이나 비판을 많이 들은 후에야 비로소 양쪽이 모두 만족하는 해결책을 강구할 수 있기 때문이다.

따라서 모든 새 고객을 만날 때마다 이 사람이 다른 사람과 다른 특징은 무엇일까, 이 사람이 말하는 문제들 중에서 이 회사에 특별한 문제, 특이한 상황은 무엇일까를 찾아야 한다. 공통점보다는 특이성을 먼저 찾아야 해결책도 찾아진다. 그런 다음 해결책은 문서화한다.

해결책을 찾아나가는 과정에서도 반드시 사전단계에서 고객을 참여시키는 것이 좋다. 이론상으로는 그럴듯한데 실제 상황에 응용할 수 없는 해결책은 의미가 없기 때문이다. 엄청나게 많은 돈을 주고 유명한 회사에서 경영 컨설팅을 받고 해결책까지 제시 받았는데도 현실적으로 적용할 수 없어 돈만 낭비하는 경우가 많지 않은가. 당신 입장에서는 온갖 노력을 다해 해결책을 제시했는데도 고객의 현실적 니즈(needs)에 맞지 않아 제품 판매나 납품에 실패하면 모든 노력이 허사가 된다. 따라서 고객이 진정으로 필요로 하는 것이 무엇인지 사전에 파악하는 노력을 기울여야 한다.

 ## 의사와 세일즈맨

이런 경우를 상정해 보자. 당신이 위통을 일으켜서 내과의사를 찾아간다. 내과의사 입장에서 보자면 그의 긴 의사생활 동안 수천, 수만 명의 비슷한 위통환자를 만난 터라 당신은 '사람'이 아니라 '증상'에 불과할지도 모른다. 당신이 가장 싫어하는 것은, 내과의사가 진료실에 들어오더니 어디가 아프냐고 한마디 묻고는 위아래로 쳐다보고 간호원에게 알아보지도 못할 글씨로 처방전을 준 후 다음 환자 들어오세요 하는 것일 것이다. 이런 상황에서는 누구라도 질색할 것이 뻔하다. 어디가 아픈지 친절하게 물어보고 청진기도 대보고 전날 뭐 잘못 먹은 건 없느냐, 최근에 체중이 급격히 줄지는 않았느냐, 술을 많이 마시느냐 이런저런 질문을 하고 배가 찌르듯 아픈지, 둔통(鈍痛)인지, 단순히 구토 증세인지, 어지럼증을 동반하고 있는지, 여러 가지를 묻고 친절하게 설명해 주기를 바랄 것이다. 의사가 이처럼 친절하면 당신은 틀림없이 다음 번에 아플 때도 그

의사를 찾게 된다. 실력은 두 번째고 일단은 친절한 데다 당신 상황을 구체적으로 청취하는 의사를 선호하고 신뢰하게 되기 때문이다.

당신의 고객도 다르지 않다. 제각기 다른 문제와 다른 상황에서 당신을 만난다. 당신 입장에서는 수많은 고객의 하나에 불과할지 모르지만 고객에게는 당신이 처음이며 당신과 일하는 것도 처음이다. 생소한 사람, 생소한 경험인 것이다. 행여 일상적이고 지루한 표정을 보이거나 이야기하면서 딴 데 정신을 팔거나 잘 듣지 않는 것 같으면 당신에 대한 신뢰는 얼음장처럼 식어버린다.

친절한 의사처럼 당신도 그 전에 만났던 수많은 사람들을 잊어버리고 그 사람이 첫 고객인 것 같은 마음가짐을 가지고 행동해야 한다. 또 당신의 건강에 관심을 가진 의사가 "혹시 이러이러한 약에 쇼크나 부작용을 경험한 적이 없습니까?" 혹은 "낮에 많이 돌아다니는 직업이신 것 같은데 운전하는 도중에 잠이 오지 않도록 수면 부작용이 적은 약을 지어드릴까요?" 하고 당신에게 일일이 물어보면서 약을 처방하는 것처럼 당신도 해결책을 제시하는 데 자연스럽게 고객을 끌어들여야 한다. 이렇게 하면 비단 고객과의 관계가 편안해지고 신뢰로 연결될 뿐만 아니라 궁극적으로는 판매고를 높이게 될 것이다.

환자의 전적인 신뢰를 얻는 의사가 치료율도 높은 법이다. 의사 중에는 혹시 까다롭고 환자를 무시하기로 악명이 높은 사람이 명의로 소문난 경우가 없지 않지만 판매에 있어서는 고객의 신뢰를 얻지 못한 판매직원이 높은 실적을 내는 일은 없다고 확실하게 단언할 수 있다.

12 고객에게 다른 사람을 추천해 달라고 부탁하라

서슴지 말고 고객들에게 다른 고객을 추천해 달라고 부탁한다. 추천을 받는다는 것은 당신의 판매 사이클에 신선한 피를 공급받는 것이나 다름없다. 게다가 누가 잠재고객인지 깜깜한 상태에서 새로 출발하는 것보다 누군가 가능성이 있는 사람을 추천 받는 것이 훨씬 효율적이다.

 ## 낙원의 섬에서 온 편지

내가 자주 인용하는 성공한 판매·영업인 가운데 빌(Bill)이라는 사람이 있다. 이 사람은 해마다 피지(Fiji)나 하와이(Hawaii), 케이만 아일랜드(Cayman Islands) 같은 낙원의 섬으로 휴가를 가는데, 대부분 자비로 가는 것이 아니라 회사에서 영업실적이 가장 우수한 사원에게 보너스로 주는 상을 받으러 가는 것이다. 빌은 그만큼 뛰어난 영업직 사원이다.

그렇다면 빌의 성공 비결은 무엇일까? 놀랍게도 그 비결 가운데 하나는 그가 보내는 편지에 있다. 빌은 그런 낙원의 섬에서 상을 받고 휴가를 보낸 후 돌아와서는 반드시 고객들에게 편지를 보낸다.

"제가 이러이러한 섬에서 최우수 사원상을 받는 영광을 안게 됐습니다. 제가 잘해서 이 같은 상을 받게 된 것이 아니고 이 모두가 귀사에서 도와주시고 함께 일하는 과정에서 얻어진 기쁨입니다. 물심양면으로 도와주신 점에 다시 한 번 깊이 감사드립니다."

대충 이런 내용의 감사 편지다. 편지를 받은 사람은 대략 두세 가지를 느낌을 가지게 될 것이다. 우선 상대방이 거래가 끝난 이후에도 나를 잊지 않고 있구나 하는 것이고, 정중한 감사 편지를 받고는 참 예절바른 사람이군 하는 생각을 갖게 될 것이다. 자, 그런데 빌의 편지는 여기서 끝나지 않는다. 편지 맨 마지막에 갑자기 생각난 것처럼 다음과 같은 문장을 덧붙인다.

"잘 아시다시피 제가 업무를 잘 수행할 수 있었던 것은 여러분이 업계의 많은 분들을 소개해 주셨기 때문입니다. 혹시 주변에 제가 찾아뵙고 업무를 상담 드리는 데 관심이 있을 만한 분이 계시면 성함과 전화번호를 적어 동봉한 수신인 부담 봉투에 넣어 보내주시면 대단히 감사하겠습니다. 물론 원하지 않으신다면 제가 그분들께 접촉할 때 추천해 주신 분에 대해서는 절대로 언급하지 않도록 하겠습니다. 도와주신 것에 대해 다시 한 번 감사드립니다."

통계적으로 입증할 수는 없지만 경험적으로 이런 식의 편지를 보내서 잠재 교객을 추천받는 전략과 빌의 엄청난 판매실적, 그리고 환상적인 섬에서의 값비싼 휴가에는 분명한 연결고리가 있다는 것을 장담할 수 있다.

숫자가 판매를 말한다

간단한 곱하기 게임을 해보자. 다섯 명의 고객이 각기 다섯 명의 잠재 고객을 추천한다. 그리고 이들을 잘 설득하고 관리해서 60%쯤을 고객으로 만든 후 다시 다섯 명씩을 추천받는다. 15 곱하기 5니까 75명의 새 고객이 생기는 셈이다. 이 75명 가운데 또 다시 60%쯤이 고객이 돼서 다시 각각 다섯 명씩을 추천하고…… 이런 식으로 계속되면 추천을 받는 전략의 중요성에 대해서 기본 개념이 잡힐 것이다. 이렇게 기하급수적으로 고객층이 늘어나지 말란 법이 없다. 당신이 이 전략을 올바르게만 추진한다면.

고객들로부터 다른 잠재 교객을 추천을 받는다는 것은 당신의 판매 경력에 때때로 건강한 피를 공급받는 것에 비유할 수 있다. 그런데도 불구하고 상당수의 판매·영업직 종사자들이 추천받는 것을 미안해 하거나 부탁하기를 두려워한다. 추천을 해달라고 했다가 그나마 기존 고객조차 잃어버리면 어쩌나 싶은 모양이다.

　그러나 한 가지 확실한 사실을 짚어 둘 필요가 있다. 당신과의 관계가 만족스럽고 계속 유지하고 싶고 당신 회사가 납품한 제품에 불만이 없는 고객이라면 당신이 추천해 달라는 요청에 기꺼이 응할 것이고 추천을 귀찮아하는 사람이라면 당신과의 관계 자체에 불만이 있는 사람인 경우가 많다는 것이다.

　추천이 귀찮아서 당신을 기피할 정도라면 그것은 반드시 추천 이전의 관계에 문제가 있었던 것이다. 당신과의 관계가 괜찮은 사람이라면 기껏해야 그냥 응답이 없는 것으로 끝낼 것이다. 따라서 추천을 부탁했다가 괜히 관계가 나빠질 것을 우려해 가만히 있는 것은 어리석인 일이다.

본능적인 감각을 따르라

당신이 정상적인 상식을 가진 사람이라면 기존 고객과의 관계에 대해 객관적으로 평가할 수 있을 것이다. 상대방이 정말 만족하고 있는지, 그래서 당신 일이라면 발 벗고 나서서 도와줄 만한 사람인지, 아니면 뭔가 불만이 있는데 간신히 유지하고 있는 관계인지를 본능적으로 느낄 것이다.

만약 전자라면 당신은 이미 생산적이며 상호 이익이 있는 관계, 가장 바람직한 고객층을 확보하고 있는 상황이라고 장담할 수 있다. 당신 회사가 납품하고 있는 제품에 정말 만족하고 있는 고객이라면 친한 업계에게 당신을 소개하지 못할 이유가 없다. 상호 배타적인 이익이 얽혀 있거나 경쟁관계가 아니라면 기꺼이 당신과 거래해서 이익이 될 것이라고 생각되는 지인(知人)들을 소개시켜 주리라는 것을 확신해도 좋다.

문제는 어떻게 이 같은 추천 전략을 실행할 것이냐인데 모든 사람이 아까 이야기했던 빌처럼 판매고 1위 상을 받은 후 환상의 휴가지에서 돌아와 편지를 할 수는 없는 노릇이다.

여기 간단한 아이디어가 있다. 고급종이로 만든 간단한 서식을 만든다. 거기에는 추천을 받을 사람의 이름과 회사, 업종, 전화번호를 적을 수 있는 칸이 다섯 칸이 있다. 우선 납품에 따른 모든 상담과 절차를 완료한다. 상대방도 어떤 형태로든 모든 것이 마무리된 후이기 때문에 홀가분하고 기분 좋은 상태일 것이다. 이처럼 기분 좋은 상태에 있을 때 이 서식을 꺼내 상대방에게 보여주면서 이렇게 말을 꺼낸다.

> "덕택에 모든 일들이 성공적으로 마무리됐습니다. 고맙습니다. 지금까지 저희 회사 제품에 대해서 자세히 설명해 드렸는데 혹시 저희 회사 제품이 도움이 될 만한 업계의 다른 분을 추천해 주실 수 있으신지요. 몇 분만 소개해 주시면 제가 직접 찾아뵙고 설명을 드리고 싶습니다. 물론 전혀 결례가 되지 않도록 하겠습니다."

그러면서 서식을 건네주면 이를 받아 본 상대방은 서식에 다섯 개의 칸이 있는 것을 보고는 무의식적으로 다섯 명의 사람들을 머릿속에서 떠올려 보게 된다. 상대방이 칸을 메우려고 하거든 어떤 식으로 쓰면 되는지 처음부터 끝까지 도와주면 된다. 심리적으로 다섯 개의 칸이 있으면 어떻게든 칸을 메우려는 동기를 부여하기 때문에 그 심리적 궤적을 자연스럽게 도와주면 되는 것이다. 당신이 거래과정에서 프로페셔널하고 침착하고 믿을 만한 사람이라는 신뢰감을 줬다면 상대방이 "내가 혹시 명단을 적어줬다가 이 사람이 다른 사람들을 찾아가서 괴롭히지 않을까" 하는 우려를 하지는 않을 것이다.

따라서 이 같은 추천인 전략은 상대방이 얼마나 당신과의 거래를 성공적으로 끝냈는가, 얼마나 당신에 대해 신뢰하고 있는가가 핵심 관건이 된다. 믿을 수 없는 사람에게 다른 사람을 추천해 주려고 하지는 않을 것이기 때문이다.

이 전략은 수많은 잠재 교객들 가운데 당신이 이야기해 볼 만한 사람을 가려내는 최초의 가장 어려운 작업을 다른 사람의 경험과 지혜를 빌려 쉽게 해결할 수 있다는 점에서 내가 진심으로 추천하고 싶은 효과적인 방법이다.

 ## 직접적 접근

내가 아는 사람 중 하나는 이 단계에서 직접 이렇게 묻는 사람도 있다.

"프랭크(고객의 이름), 몇 분의 이름을 적어 주셨는데 혹시 제가 쉽게 찾아갈 수 있도록 전화를 미리 해주실 수 있을까요?" 물론 대부분의 경우 상대방의 대답은 당연히 "No"이다. 그러나 "노"라고 대답할 때 어느 정도 미안한 마음이 들게 될 것이다. 정중한 부탁을 거절할 때는 누구라도 다소 미안한 생각이

들게 마련이다.

그러면 그는 이렇게 다시 묻는다. "아 그렇죠. 그런 부탁을 해서 죄송합니다. 당연히 제가 전화를 드려야죠. 그런데 제가 전화를 할 때 당신을 아는 사람이라고 해도 괜찮을까요?" 앞서서 "노"라고 거절한 후 다소 미안한 마음을 가지고 있던 상대방은 대부분 그 정도라면야 싶어서 "Yes"라고 대답할 것이다. 그러면 목적을 달성한 셈이다. 처음부터 이 사람의 목표는 두 번째에서 "예스"라는 답을 얻는 데 있는 것이다. 처음 질문은 두 번째에서 예스를 얻어내기 위한 준비단계였다고 생각하면 된다.

이런 방식은 직접적이고 적극적이어서 상대방으로부터 곧바로 결과를 얻어낼 수 있는 좋은 방식이긴 하지만 모든 사람들에게 추천하고 싶지는 않다. 상대방에 따라 거부감을 느끼고 모처럼 호의적인 관계가 이뤄질 단계에 있던 당신과 상대방의 관계가 불편해질 수도 있기 때문이다.

그러나 사람에 따라 훨씬 즉각적으로 효과가 나타나는 경우도 있다. 따라서 간접적이고 은근한 방식이 나을지 아니면 직접적으로 접근하는 것이 나을지는 상황과 상대방 성격에 따라 달라진다. 중요한 것은 직접적이건 간접적이건 상대방으로부터 잠재 고객에 대해 추천을 받도록 노력하라는 것이다.

13 애정과 열의를 가져라

당신 회사에 대해 애정과 열성을 갖고 고객에게 이야기한다. 그러나 그 열성이 지나쳐 너무 서두르는 것처럼 보이거나 억지로 과장된 것처럼 보여서는 안 된다. 열성과 요란스러움은 구별되어야 한다.

　열성적으로 보인다고 해서 고객을 끌어안거나 상대방의 손을 두 손으로 부여잡고는 계속 흔들어댄다거나 상대방의 외양이나 옷에 대해 잘 믿기지도 않는 칭찬을 마구 되풀이하라는 뜻은 결코 아니다. 열성적이라는 것은 맹목적으로 상대방에게 잘 보이려 하거나 혹시 일이 잘못될까봐 지레 겁을 집어먹고 불안하게 행동하는 것과는 전혀 다른 것이기 때문이다.

　열성은 성공으로 향하는 다리를 만들지만 불안감을 감추기 위한 과장된 행동이나 맹목적인 칭찬은 그 다리를 무너뜨리는 역할을 한다. 양자에는 큰 차이가 있는 것이다.

　판매나 상담을 위한 만남은 상대방과의 교감이 바탕이 된다는 점에서 여느 인간관계와 다르지 않다. 처음 만나서 어느 정도 마음을 열려면 적당한 시간이 걸린다. 당신이 처음 고객을 만났을 때 어떤 관계가 설정됐는지를 이해한다면 관계가 진전되면서 어떤 방법으로 당신의 의사를 상대방에게 전달해야 하는지에 대해서도 이해할 수 있을 것이다.

초기단계: 자신 있고 여유 있는 태도 보이기

누군가를 처음 만날 때 인간관계가 성숙하기 위해서는 몇 단계를 거쳐야 한다. 처음 상견례 단계에서는 상대방에 대한 제일감(第一感), 혹은 첫인상, 대충 어떤 사람일 것이라는 '느낌'이 오게 마련이다.

이 단계에서는 확신을 가지고 상대방의 문제를 어떻게 풀겠다고 구체적으로 말하기가 어렵다. 설령 그렇게 이야기한다고 해도 상대방이 믿으려 하지 않을 것이다. 왜냐하면 서로가 서로를 잘 모르고 상대방에 대해 이해가 부족하기 때문이다.

다른 모든 사람들과 똑같이 상대방은 당신과 구체적인 인간관계를 시작하기 전에 저 사람이 믿고 이야기를 나눠볼 만한 사람인지 아닌지 탐색하려 할 것이다. 일종의 '선택'의 시간인 셈이다. 따라서 고객과 처음 만난 단계에서는 지나치게 열성적인 모습을 보이면 오히려 손해를 본다는 것을 주목할 필요가 있다.

이 단계에서 필요한 모습은 자신 있고 침착한 태도, 상대방 눈을 주시하면서 남의 말에 진지하게 귀를 기울이는 태도(그렇다고 너무 계속해서 똑바로 쳐다보면 쨰려보는 것으로 오해하거나 상대방이 부담스러워할 수 있으므로 조심해야 한다), 정중한 악수, 친근한 표정과 미소로 상대방의 주시 속에 다가갈 때 자신 있어 보이고 단정한 걸음걸이와 몸가짐, 이런 것들이 초기단계 인간관계를 결정짓는 핵심 요소들이다.

후기단계: 열성 보이기

어느 정도 상대방에 대한 이해가 완료되고 고객과의 교류가 진전된 단계, 다시 말해서 어느 정도 신뢰가 쌓인 교류단계의 중간단계에 접어들면 여러 가지 징후가 나타난다. 이야기할 때도 너무 격식을 차리지 않아도 될 만큼 편안한 명칭과 대화를 주고받게 되며 간간이 농담이나 좋아하는 운동경기 이야기도 하게 된다. 이야기를 나눌 때의 자세도 어느 정도 편안한 상태를 취하게 된다.

이 단계에서 당신이 주목해야 할 점은 상대방이 당신의 말에 귀를 기울이는 것은 마지못해 그러는 것이 아니라 어느 정도 자신이 필요를 느끼고 이야기를 진전시킬 필요를 인식해서라는 점이다.

그 점을 알아차리는 순간 당신이 상담을 진전시키는 계기가 마련된 것이며 이때부터 접근하는 전략을 달리해야 한다. 열성을 보여줄 때가 다가온 것이다. 따라서 이야기를 할 때 강조하기 위해서 손동작을 자연스럽게 사용할 필요가 있고 상대방이 좋아하는 호칭을 보다 자주 사용해서 상대방을 당신의 대화권에 끌어들일 필요가 있다. 상대방을 자주 언급하면 상대방은 자신이 대화의 중심에 있다는 사실을 느끼고는 대화에 끌려 들어오게 마련이다.

대화에서 사용하는 단어도 '저희가', '귀사의' 이런 격식 있고 너와 나를 가르는 단어보다는 "우리가 앞으로 풀어나가야 할 문제는……"라든지 "직접 한번 보시면 어떨까요"라든지 "얼마 전 경험을 한번 들어보세요……" 하는 등등의 좀더 편안하고 경험에 바탕을 둔 문장이나 단어를 사용하라.

그러나 이 경우라도 비슷한 내용이 반복되는 것은 결코 안되며 기계적이고 무표정한 태도나 반응은 금물이다. 이제부터는 열성을 보여야 한다. 처음이나 나중이나 똑같은 무반응, 무감동, 무표정, 지루해 하고 의례적인 모습을 보이면, 장담하거니와 상담실패는 예정된 결론이나 마찬가지다. 무조건 고개만 끄덕이는 것도 금물이다.

입장을 바꿔놓고 생각해 보라. 어느 날 친구와 만나서 이야
기를 나누는데 당신이 무슨 이야기를 하던 상대방이 내용을 가
리지 않은 채 무턱대고 고개만 끄덕이고 있거나 혹은 무표정하
게 듣고만 있다면 당신은 어떻게 느낄까? 한시 바삐 그 만남
을 끝내고 자리를 피하고 싶은 생각만 들 것이다.

눈을 크게 뜨고 상대방을 관찰하라.

이것이 일반적인 가이드라인이다. 당신과 고객의 교류는 개
인별로 큰 차이를 보일 것이다. 별별 고객이 다 있을 것이고 여
기에 따라 당신의 태도도 달라져야 한다. 상대방을 주의 깊게
관찰해서 어떤 사람인지를 파악하고 여기에 따라 당신이 대화
중에 보이는 열성의 정도나 방법을 달리해야 한다.

가이드라인은 있지만 이를 어떻게 응용하는가 하는 것은 오
로지 당신의 능력과 노력과 반응에 달려 있다.

14 자신을 올바르게 평가하라

자신의 성취나 장점에 대해 고객에게 이야기하라. 그러나 자랑하는 것처럼 보여서는 안 된다. 성취나 장점이 고객의 신뢰를 얻을 수 있는 방향으로 작용해야지 자랑을 위한 자랑이 되어서는 안 된다.

고객을 만났을 때 당신 자신이 어떤 사람인지를 설명해야 하는 경우가 자주 있다. 이때 자신을 너무 지나치게 높이지도 그렇다고 너무 낮추지도 말라.

얼핏 까다롭게 들리겠지만 이 같은 미묘한 상황에서 균형을 잡는 것이 당신의 직업에서 성공하느냐 못하느냐를 결정짓는 요소라고 할 수 있다.

고객과 처음 만나기로 약속하고 상대방 사무실로 찾아가서 처음 스스로가 어떤 사람인지를 이야기할 때 자랑스럽게 자신이 하고 있는 일에 대해 말하거나 자신이 소속한 회사가 미국에서도 최대 업계 중 하나라고 소개하거나, 크기는 작아도 알짜 중견기업이라거나, 이제 막 출범한 신생기업이지만 기술력을 바탕으로 성장할 잠재력이 큰 회사라거나 등등 자기 회사를 떳떳하고 자랑스럽게 소개하는 것은 나무랄 일이 아니다.

다만 거만하게 들리지 않도록, 너무 자기 자신에 도취된 것처럼 들리지 않도록 조심하라는 뜻이다. 다행히 이 점은 약간만 주의를 하면 얼마든지 방지할 수 있다.

균형 잡힌 자신감

당신이 처음 고객을 만날 때 자신이 성공적인 사람이며 자신감이 있고 유연한 사고나 감각을 지닌 사람이라는 것을 보이고 싶을 것이다. 실제 그렇게 보이도록 노력해야 한다. 그 자체가 자기도취나 거만함은 아니며 오히려 프로페셔널리즘이라고 할 수 있기 때문이다. 그리고 자신이 납품하려는 회사제품에 대해 자세하고 권위 있는 정보를 가지고 상대방을 설득하는 것도 필요하다.

내가 주의하라는 것은 스스로에 대해 소개할 때 지나치게 개인적인 일들이나, 개인적인 자랑거리를 소개하는 데 집착하지 말라는 것이다.

가령 당신의 애들이 얼마나 공부를 잘하는 모범생들인지, 어느 어느 미술대회와 수학 경시대회에서 입상을 했다든지, 당신이 얼마나 골프를 잘 치는지, 당신이 영업에서 대성공을 거둬 회사에서 비밀리에 얼마나 많은 성과급을 받고 있는지 등을 시시콜콜하게 이야기해서는 안 된다는 것이다.

상대방은 관심도 없는데 그런 이야기들을 지루하게 늘어놓게 되면 대화는 거기에서 끝나고 만다. 그리고 당신은 판매·영업직에서의 장래에 큰 기대를 하지 않는 것이 좋다. 그런 식의 접근으로는 절대로 성공할 리가 없기 때문이다.

 ## 대화에서 시그널 읽기

내가 강조하는 것은 당신에게 주어진 임무를 적극적으로 추진하는 능력을 갖추라는 것이다. 그러려면 스스로에 대한 객관적인 검증과 사리판단, 상황판단이 필요하다. 상대방이 상담의 진전속도에 부담스러워하면 한 발짝 물러설 줄도 알고 반대로 흥미를 보이면 약간 강하게 밀어붙일 수도 있는 적응력과 판단력이 필요하다는 뜻이다.

어느 고객에게는 잘 먹혀들었던 접근법이나 전략이 다른 고객에게는 먹혀들기는커녕 오히려 역효과를 내는 수도 있다. 따라서 상대방이 당신의 말이나 설명에 보내는 시그널이나 행동언어, 표정을 잘 이해하고 적시에 포착해야 한다. 그 시그널을 읽지 못하거나 잘못 읽으면 그 고객과의 상담이 잘 진전되기는 일찌감치 틀린 일이다.

이 시그널을 잘 읽고 이해하고 여기에 따라 판매·영업 상담을 진척시켜 나가면 수많은 판매·영업직 종사자들이 겪는 좌절과 패배를 겪지 않고 성공으로 향하는 탄탄대로로 접어들 수 있다.

 ## 스스로를 선전하기

그렇다. 스스로를 선전하는 데는 상당한 위험이 뒤따른다. 그러나 성공을 위해 당연히 져야 하는 위험이다. 다음에 고객을 만나거든 다음과 같이 시도해 보라.

> "존스 씨, 당신을 만나 뵙게 돼서 정말 기쁩니다. 지난번에 전화 드리고 금방 찾아뵙지 못하고 오늘 온 것은 지난주에 제가 엄청 바빴기 때문입니다. 실은 H 대기업에 납품을 대량 납품하게 됐거든요. 그걸 일단 마무리해 놔야 안심하고 여유 있게 찾아뵐 수 있을 것 같아서 밤을 새워서 모두 끝냈습니다. 이제 부담 없이 찾아뵐 수 있게 된 거죠. 실은 H 기업이 저희 회사 제품을 쓰게 된 것은……"

이렇게 말하면서 당신과 당신 회사 제품을 은근히 선전한다. H라는 유수한 대기업이 납품을 결정했다는 점으로 미뤄봐서 상대방은 "그래? 그렇다면 믿을 만한 회사군" 하는 기분이 들 것이다.

앞장에서 의사와 환자의 비유를 한 적이 있는데 그 비유가 여기서도 통용된다. 이번에는 당신이 환자가 돼서 어느 병원을 찾았다고 생각해 보라. 그런데 기다리던 끝에 진료실에 들어온 의사가 당신보다 훨씬 아파 보이고 창백해 보인다고 가정해 보라. 이 의사를 믿고 진료를 내맡길 수 있을까? 물론 대답은 "아니다"일 것이다. 당신이 기침감기를 고치기 위해 찾아간 병원의 의사가 당신보다 더 심하게 기침을 하고 코를 훌쩍거리고 열에 들떠서 얼굴이 벌겋고 눈은 노랗게 황달기가 있고 그러면서도 담배를 계속 피우고 손을 떨기도 하는 모습을 본다면 결코 신뢰가 생기지 않을 것이다. 이 사람한테 병을 고치기는커녕 병을 더 옮겨갈까봐 내내 걱정을 하게 될 것이고 다음번에는 절대로 그 병원과 그 의사를 찾지 않게 될 것이다.

세상에는 두 종류의 직업인이 있다. 무슨 일이건 시작하면 일을 잘 해결하고 결국 뭔가 가치를 창출해 내는 사람이 있으며, 반면에 손대는 일마다 가치가 떨어지게 만드는 사람도 있다.

당신은 어느 쪽 사람인가? 반드시 첫 번째 카테고리에 속하는 사람이라는 것을 증명해야 한다. 문제는 상대방이 당신을 처음 만났을 때 이를 알 수 있는 방법이 없기 때문에 당신 스스로가 적당한 선에서 알려줘야 한다는 것이다. 자신의 가치를 은근히 알려줌으로써 상대방에게 신뢰를 줘야 한다. 잘난 맛에 사는 사람이라는 인상을 주거나 자기 자랑 못해 죽은 귀신이 씌웠나 하는 거부감을 주는 것만 아니라면 적정수준에서 스스로에 대해서나 회사에 대해서 제품에 대해서 이야기하는 것은 좋은 전략이다.

다시 말하지만 사실을 전하되 거만하지 않게, 열성적이되 강요하는 듯한 인상을 주지 않게, 설명적이되 지루하지 않게 스스로에 대해 이야기하라. 지나치게 건방을 떨지도 말고 그렇다고 너무 비굴하지도 않게 스스로에 대해 자랑하라.

15 진실을 말하라
(거짓말을 한 것보다 기억하기 쉽기 때문에)

보통사람이 이른바 무해한 거짓말(white lies)을 하루 평균 200회 이상 한다는 통계가 있다. 당신도 예외는 아닐 것이다. 그러나 납품 기일이나 품질, 가격에 대해 '약간 사실과 다른' 거짓말은 절대로 해서는 안 된다. 아무리 작은 거짓말이라도 거짓은 거짓을 낳고 결국 나중에는 자신이 무슨 거짓말을 했는지조차 헷갈리게 돼서 고객과 결정적으로 틀어지게 되는 수가 있다.

최근 어느 대학에서 보통사람이 하루 동안 악의 없는 거짓말을 평균 몇 번이나 하는지를 조사했다는 흥미 있는 통계가 있다. 조사결과 보통사람들은 하루 평균 200번가량의 거짓말을 하는 것으로 나타났다. 200번이라니까 믿어지지 않을 것이다. 그리고 그 수치가 평균이라니까 누군가는 200번보다 훨씬 많은 거짓말을 하고 있다는 뜻이 된다. 입만 열면 거짓말을 하고 있다는 뜻이다. 설마 싶겠지만 사실 가만 생각해 보면 우리 스스로가 남에게 상처를 주지 않기 위해서 혹은 누구한테든지 좋은 말이니까 습관적으로 하는 거짓말들이 의외로 많다는 것을 깨닫게 된다.

"들러주셔서 정말 반갑습니다."
(정말 바쁜 시간대에 회사에 찾아와 차를 대접해야 하는 거래처 사람에게)

"그 옷 정말 잘 어울리는데."
(같은 부서 동료 여직원이 새로 사서 입고 나온 옷을 보면서 하는 칭찬인데
실제로 하고 싶었던 말은 옷은 예쁜데 얼굴색하고 잘 안 어울린다는 것이었음)

"부장님, 오늘 핸디 괜찮으시네요. 실력이 많이 느신 것 같은데요."
(골프를 같이 치러나갔는데 부장이 실력이 좋아져서가 아니라 좋은 골프채로
바꿔서 타수를 줄였다는 것을 뻔히 알면서도)

이 밖에도 수도 없이 많다. 일이 끝난 후 저녁에 술집에서 아내에게 저녁만 먹고 금방 들어가겠다고 거짓말하고(실제로는 2차 3차까지 가게 될 걸 뻔히 알면서도), 술값을 내기 싫으면서도 내겠다고 우기고, 좌우간 하루 종일 그런 식의 '무해한' 거짓말로 일관하는 것이다. 여기서 내가 진실만을 말하라고 강조하는 것은 그런 사회적인 무해한 거짓말까지 하지 말란 뜻은 아니다.

 ## 사회적 관계의 다리 놓기

판매·영업을 한다는 것은 사회적 인간관계를 설정하는 것과

거의 동의어라고 보면 된다. 개인적인 관계와 신뢰를 바탕으로 궁극적으로는 비즈니스 관계를 쌓는 것이다. 판매·영업에서의 성공은 얼마나 이 관계가 튼튼하고 장기적인가에 달려 있다고 해도 과언이 아니다. 따라서 사회적 관계를 맺기 위해 자연스럽게 '무해한 거짓말'을 하는 것도 나쁘지는 않다.

예를 들어 보자. 처음 전화를 해서 고객의 사무실에 들어간다. 그리고는 첫인사가 끝난 후 사무실을 둘러보면서, "야, 깨끗하고 효율적으로 잘 꾸며진 사무실이군요. 이런 데서 일하면 업무 효율이 마구 오르겠는데요. 이런 데서 한번 일해 봤으면 좋겠습니다."(실제로 당신 회사 사무실은 그보다 훨씬 더 효율적이고 더 잘 차려진 경우가 많겠지만)

이런 식의 거짓말은 별로 문제가 되지 않는다. 처음 서먹서먹한 관계를 깨고 보다 친근한 분위기를 만들어내기 위해 이런 종류의 거짓말 섞인 칭찬을 하는 사람들이 많이 있다.

이 경우 설령 나중에 그 고객이 어떤 이유로든 당신 회사를 방문하게 되어 실제로는 당신 회사 사무실이 자기네 회사 사무실보다 훨씬 잘 꾸며져 있고 훨씬 고급 오피스를 사용하고 있다는 것을 알게 된다고 해도 별 문제가 되지 않는다.

문제가 되는 거짓말

내가 문제 삼는 거짓말은 다음과 같은 것이다.

> "존스씨, 물론 당신이 원하는 시간에 납품을 할 수 있습니다. 혹시 우리 생산파트에서 기술적인 문제로(혹은 서류상 처리절차에 걸리는 문제 때문에) 납품 기일이 2~3일 늦어질 수도 있지만 그럴 가능성은 별로 없고 아마도 90% 이상 제날짜에 제품을 댈 수 있을 겁니다."

이 경우 만약 진짜로 당신이 시간을 지킬 가능성이 90% 이상이라고 믿는다면 별로 문제될 게 없지만 실제로는 납품이 지연될 가능성이 50% 이상인데 이런 종류의 장담을 했다면 일단 빨간 경고등이 눈앞에 켜졌다고 보면 된다. 상대방의 마음에 들기 위해 의도적으로 자신이 할 수 있는 부분이나 능력을 과장되게 상대방에게 전달하고 있는 것이다.

만약 상대방이 그 날짜에 꼭 납품을 받아야 하는데 못 받게 될 경우 상대방이 기억하는 것은 "제날짜에 납품할 수 있다"는 말뿐이다. 당신이 살짝 끼워 넣은 기술상의 문제니 서류상의 문제니 하는 조건부 조항들은 기억하지도 않을 것이다. 상대방은 당신의 말을 믿고 특정 날짜에 뭔가를 하기로 했는데 당신이 약속을 지키지 않아 자기가 손해를 입게 되고 난처한 입장에 처하게 됐다며 당신을 비난하게 될 것이다.

이렇게 되면 아무리 당신이 교묘한 변명을 하고 기술적으로 피해 나가려 해도 감정적으로는 이미 관계가 끊어진 것이나 다름없다. 상대방은 이제 절대로 당신을 믿지 않을 것이다. 친구 관계라면 다시 노력을 해볼 여지가 있지만 간신히 이어진 비즈니스 관계에서 이처럼 한번 잘못돼 버리면 도저히 상황을 되돌릴 여지가 없어지는 것이다. 그뿐인가, 상대방은 기분이 상해서 주변 사람들에게 당신과 당신 회사 제품에 대해 나쁘게 말할 것이 분명하다. 설령 상대방이 백번 양보해서 며칠 후에 납품을 받아줬다손 치더라도 앞으로 다시는 납품 받지 않을 것은 물론이고, 당신은 그 고객에게 주변 분들을 소개해 달라는 말도 못 꺼낼 것이 분명하다.

이러느니 아예 처음부터 솔직하게 상황을 이야기해서 2~3일 늦춰줄 것을 양해 받는 것이 낫다. 그래서 설령 납품날짜가 맞지 않아 고객에게 판매하지 못한다고 하더라도 후일을 기약할 수 있고 미안한 마음에 상대방이 다른 잠재 교객을 소개시켜줄 가능성도 있다.

상대방 비위를 맞추려고 상대방이 원하는 말만 골라서 들려

주다 보면 당장은 아니더라도 언젠가는 반드시 문제에 봉착하게 될 것이다.

사소한 거짓말이라도 이를 되풀이하다 보면 다른 사람에게 했던 말을 이 사람에게 한 것으로 착각하게 되어 황당한 경우를 맞게 되는 수도 있다. 따라서 아무리 상대방의 기분을 맞추기 위해서라고 해도 습관적으로 거짓말을 해서는 안 된다. 늘 상황을 똑바로 이야기하는 게 낫다. 그 편이 나중에 기억하기도 쉽기 때문이다. 거짓말을 하지 않았으니 그 상황이 닥치면 그 상황 그대로 이야기하면 되는 것이다.

습관적으로 거짓말을 하지 말라. 거짓말은 거짓말을 낳고 나중에 감당할 수 없는 지경이 되면 당신의 경력은 그야말로 바닥을 모르고 추락하는 자유낙하(free fall)를 하게 된다.

16 스스로에게 동기를 부여하라

당신 자신에게 동기를 부여하라. 아침에 출근하는 차 안에서 세상의 추악한 모습을 담은 우울한 뉴스를 듣느니 자기개발을 할 수 있는 교육테이프를 듣는 것이 좋다. 사물을 객관적인 시선으로 보도록 노력하라.

다음은 어떻게 스스로에게 동기를 부여할 수 있는가에 대한 몇 가지 아이디어들이다. 잘 읽고 활용해 보는 것이 어떨까.

아침 출근할 때 차 안에서 뉴스를 듣지 마라

아침 뉴스는 보통 우울한 사고 소식으로 가득차 있다. 그럴 수밖에 없는 것이 보통 사람들이 자살을 하거나 집에 강도가 들거나 도둑이 들거나 음주운전을 하다가 강물에 빠지는 것이 모두 밤중에 벌어지기 때문이다. 들어서 우울할 뿐 아니라 뭘 어떻게 해볼 수도 없다는 무력감에 빠질 위험이 있다.

가볍고 경쾌한 음악을 듣는 것은 즐거운 기분으로 하루를 시작한다는 점에서 뉴스를 듣는 것보다는 낫지만 역시 시간을 활용한다는 측면에서는 실용적이지 못하다. 가장 좋은 것은 혼자서 하루를 시작할 때 차 안에서 자기 개발을 어떻게 할 것인가를 가르쳐주는 자기개발 교육테이프를 듣는 것이다. 전날의 과음 때문에 두통에 시달리는 경우가 아니면 대체로 아침 출근 시간은 머리가 가장 맑고 비어 있는 시간이기 때문에 교육 테이프의 내용에 가장 효과적으로 집중할 수 있는 시간이기도 하다.

내가 아는 사람 가운데 하나는 이런 습관에 철저히 몰입해서 몇 년 동안 실천한 나머지 자기 차에 있는 라디오가 제대로 작동하는지 안 하는지조차 모르는 사람도 있다.

목표를 구체적으로 세워라

목표는 실현 가능한 선에서 구체적으로 세워야 한다. 당신의 꿈이 세계에서 가장 비싼 람보르기니(Lamborghini: 이탈리아에서 생산한 수제(手製) 스포츠카)를 사는 것이라고? 뭐, 꿈으로는 나쁠 것이 없다. 그러나 현실적으로 그 꿈이 실현되리라고는 별로 생각지 않을 것이다. 냉장고나 회사 사무실 앞에 빨간색 람보르기니 사진을 붙여 놓고 이 차를 내가 사서 시내로 끌고 나가면 기가 막히게 예쁜 여자들이 나를 쳐다봐 주지 않을까, 동창 녀석들도 부러워하겠지 등등의 생각 속에서 즐거워하는 정도일 것이다.

현실적으로 당신의 목표는 이달 안에 여섯 건 정도의 판매 목표를 달성하는 것이다. 따라서 구체적인 판매 실적과 추진 방법, 일정 등을 수첩에 자세히 적고 추진해 나가야 한다. 그것이 현실적으로 한 단계 한 단계 당신의 꿈을 실천해 나가는 방법이다. 또 이렇게 구체적으로 적어가다 보면 실천 가능한 아이디어가 떠오르기도 한다. 터무니없는 세일즈 목표보다는 이번 주 혹은 이달 안에 실천 가능한 목표를 세워서 추진해 나가라.

 ## 도움이 되는 동료와 공동 작업을 추진하라

요즘 세상은 너무 복잡하고 빠르게 변한다. 따라서 혼자서 이 모든 상황을 분석하고 대책을 마련하기가 쉽지 않다. 주변에서 같이 일하는 동료 가운데 이런 상황을 공동 대처할 수 있는 동지를 구해 보라. 물론 두 사람 모두 철저하게 독립적으로 일하고 독자적으로 실적을 올리면서도 선의의 경쟁관계에 있는 사람이 적당하다.

공동전선을 구축하라는 것은 급변하는 시장 상황을 같이 토론하고 업계정보를 공유하고, 상대방의 판매 방식에 대한 건설적인 충고를 해주고, 어려운 상황에서 판단을 내리는 데 도움을 주는 관계를 구축하라는 것이다.

가끔은 밖에서 느긋하게 점심을 먹어라

그렇다. 점심은 느긋하게 밖에서 먹는다. 점심시간을 아끼기 위해 밖에서 햄버거를 사다가 사무실에서 급하게 먹어 치우고 점심시간 내내 일하지 말라. 내 경험으로 볼 때 점심시간 한 시간쯤은 일 생각은 잠시 잊은 채 밝은 햇볕 아래서 느긋하게 점심을 먹는 사람들이 오히려 더 생산성이 있다.

점심시간까지 안달복달 일에 신경을 쓰는 사람들은 대체로 신경성 위장병이 있거나 만성적으로 일에 노이로제에 걸린 사람들이 많다. 위장병이 심해서는 오후 일을 경쾌하게 시작할 수 없고 제대로 판매실적을 올릴 수 없다.

자기 자신에게 메모를 남겨라

- "나는 해낼 수 있다."
- "내가 미리 걱정하던 일들은 거의 일어나지 않았다."
- "나는 5백 명이나 되는 고객들의 문제를 해결했다. 501번째 고객의 문제도 당연히 해결할 수 있다."

금요일 오후 무렵 이런 종류의 메모를 스스로의 책상에 남긴다. 아마도 주말에는 완전히 잊어버렸다가도 월요일 아침 이 메모를 발견하고는 새로운 각오를 다지게 될 것이다.

 ## 객관적으로 사물을 바라보라

우리 사무실에서는 동료들끼리 농담을 섞어 서로의 실수를 위로하곤 한다.

당신도 사람이기 때문에 아무리 완벽하게 준비를 해도 여러 가지 실수를 범할 수 있다. 고객이 정한 프레젠테이션 마감시간을 넘긴다든지, 조금 늦어서 중요한 전화를 놓쳤다든지, 고객을 잘못 관리해 큰 납품건을 놓쳤다든지 하는 일 등.

이들은 적지 않은 스트레스와 좌절로 다가오는 일들이지만 이럴 때일수록 객관적으로 사물을 볼 필요가 있다. 우리끼리는 이렇게 농담한다. "그래도 뇌수술 받는 것보다는 낫지 뭘 그래."

그렇다. 어떤 큰 실수도 당장 내일 뇌수술 받는 것보다는 낫지 않은가. 지금은 뼈아픈 실수일지 몰라도 큰 안목으로 보면 다 경험의 일부가 되고 나중에는 아, 옛날이여, 그때 그런 일도 있었지 하고 웃어넘기게 될 것이다. 당신의 경력이 길어지면서 그런 실수도 경험의 영역으로 자연스럽게 녹아든다.

오후 2시를 경계하라

내 경우는 실수를 가장 많이 저지르게 되는 시간이 오후 2시에서 4시 무렵이다. 점심을 먹고 나서 피곤이 누적되고 약간 졸린 상태인데 힘든 일을 새로 시작하려면 짜증이 나게 마련이다. 그래서 실수를 한다. 특히 컨디션이 나쁘고 일이 잘 안 풀리는 날 오후 2시, 이 시간대에는 하루가 너무 힘들어서 인생이라는 게 끝없이 지속되는 뇌수술 같다는 생각을 할 때가 많다. 당신에게도 이런 시간대가 있는가? 있다면 그런 시간에는 조금쯤 기분전환을 하는 것이 좋다. 평소에 열심히 노력했다면 그렇게 힘들게 느껴지는 시간에는 다소 여유를 가질 자격이 당신에게는 있기 때문이다.

17 남들보다 일찍 하루를 열어라

출근 시간인 아침 9시 이전에도 지구는 돌아가고 세상은 열려 있다. 아침 9시 이전에 고객에게 전화하면 당신을 따돌리고 싶어 하는 비서를 통하지 않고 직접 고객과 통화할 수 있는 가능성이 있다. 남들보다 조금만 더 아침을 일찍 시작하면 출근길에 시달리지 않고 상쾌하게 하루를 시작할 수 있는 장점이 있다.

대규모 납품을 할 가능성이 있는 기업이 있다고 하자. 우선은 구매 책임자와 접촉하는 것이 가장 중요한 일이다. 이럴 때 아침 8시 10분쯤 전화하면 이른바 '비서의 함정(Secretary trap)'을 피할 수 있다는 것을 아는가? 비서는 근본적으로 자기 상사가 확실하게 받고자 하는 전화가 아니면 무조건 따돌리는 경향이 있다. 따라서 비서를 통해 정식으로 상대방에게 접근하려고 하면 일단 정중한 거절을 당하기 십상이고 말 한번 건네보지 못한 채 대규모 납품을 할 기회를 놓치는 것이다.

그런데 아침 일찍 전화를 하면 이런 비서들을 피해서 상대방과 직접 통화할 수 있는 기회를 가질 가능성이 높다. 대체로 조직에서 성공해서 뭔가 의사결정을 내릴 수 있는 위치까지 도달

한 사람들은 아침 일찍 누구보다도 먼저 회사에 출근하는 경향이 있다. 물론 비서는 8시 30분이 넘어서야 출근한다. 비서가 도착해서 공식 스케줄이 시작되기 전에 이것저것 생각해 보고 정리할 일이 있어서 회사에 일찍 출근하는 것이다. 이때 당신이 전화를 하면 상대방이 직접 전화를 받게 될 것이다. 그러면 간략하게 목적을 이야기하고 시간을 내주실 수 있느냐고 정중하게 묻는다. 상대방이 전혀 납품을 받을 일이 없으면 몰라도 그럴 계획이 있는 경우라면 일차적으로 흥미를 갖고 일단 이야기를 들어보고 가격조건이나 다른 옵션들에 대해 물어보고 싶어질 것이다. 그러면 일단은 성공한 것이다. 주목할 점은 아침 일찍 전화함으로써 비서의 따돌림을 피할 수 있다는 것이다.

이런 것이야말로 아침을 남보다 조금 더 빨리 시작해야 하는 명백한 이유 중 하나다. 다른 이유들도 물론 많다. 우선 사무실에서의 급한 일들을 좀더 여유를 갖고 처리할 수 있을 것이고 낮에 있는 다른 중요한 약속과 겹치지 않는 시간에 여러 가지 서류를 처리할 수 있을 것이다. 그날 있을 중요한 면담이나 프레젠테이션을 점검해 볼 여유가 있고 추호의 실수도 없도록 준비상황을 체크해 볼 수도 있다.

내가 즐겨 인용하는 말 가운데 하나가 판매·영업직이라는 것은 일반 소매상과도 같다는 것이다. 일반 소매상이나 프랜차이즈 가게가 성공하려면 사람들이 많이 오가는 길에 목을 잡아야 하는 것처럼 판매·영업직에서 성공하려면 가능한 한 많은 사람을 효율적으로 접촉해야 한다. 아침을 조금 더 일찍 시작하면 하루를 효율적으로 설계해서 더 많은 사람을 만날 수 있게 된다.

출근 때 시간 벌기

아침을 남들보다 조금 더 일찍 시작하면 출근에 걸리는 시간도 크게 줄일 수 있다. 출근 때의 정체를 생각해 보면 무슨 소리인지 금방 알 것이다. 남들보다 30분 먼저 출발하면 회사에 도착하는 시간은 무려 한 시간이나 빨라진다. 길에 아직 차가 많지 않을 시간이기 때문이다.

대도시에서 생활해 본 사람은 누구라도 느끼겠지만 교통체증 때문에 길에서 버리는 시간이 얼마나 많은가! 단순히 A 지점에서 B 지점으로 옮겨가는 데만 두어 시간이 걸리는 것이다. 아침에 조금 일찍 출발하면 도착시간이 우선 훨씬 빨라질 것이고 그 템포로 남들보다 30분씩 먼저 움직이면 서두르지 않고 여유 있게 그날의 약속을 지킬 수 있다. 아침잠 5분이 아쉬워서 조금 늦게 출근하면 하루종일 다음 약속에 약간 늦은 상태에서 헉헉거리기 십상이다. 그뿐인가, 아침부터 교통체증과 수많은 사람들 사이에서 허덕이다 보면 회사에 도착했을 때는 이미 지쳐 있거나 짜증이 나서 도저히 하루를 유쾌하게 시작할 기분이 나지 않는 경우가 많다. 그렇다면 당신은 이미 그날 하루 인생의 패배자가 된다.

당신이 아침 여유 시간을 조금만 더 활용해도 다른 사람들과 관계를 시작하는 데 있어 최상의 상태를 유지할 수 있다.

마지막으로 내 경험에 미루어 덧붙이고 싶은 것은 바쁘고 숨 돌릴 틈이 없는 일정을 시작하기 전에 아침에 다만 몇 십분이라도 혼자만의 정리 정돈된 시간을 가지면 맑은 정신으로 상황 판단을 하고 객관적으로 판단을 내릴 수 있으며, 따라서 하루 종일 정돈된 기분으로 약속을 하나하나 지켜나갈 수 있다는 사실이다. 허겁지겁 8시 59분에 상사의 눈치를 보면서 회사 사무실에 뛰어들어서 9시 1분이면 복잡한 거리에 뛰어나가는 것보다는 30~40분쯤 먼저 사무실에 도착해서 여유 있는 시간을 가지는 것이 얼마나 많은 장점이 있는지는 더 이상 설명하지 않아도 잘 알 것이다.

만성적으로 늦는 사람은 그 자체가 이미 판매·영업직에서 실패할 가능성이 높은 사람이라고 해도 과언이 아니다. 어느 직업이건, 예술가가 아니라면, 늘 습관적으로 늦어서 성공할 수 있는 경우는 없다고 단정할 수 있다.

판매·영업직의 경우 더구나 시간 약속을 지키는 것은 첫 관계 설정에 있어 가장 필수적인 요소라고 해도 과언이 아니다. 출근에서 늦고 따라서 첫 약속에 5분을 늦고 다음 약속에 10분을 늦고 이런 식으로 하루를 보내다 보면 나중에는 30분까지 늦는 경우도 생긴다.

아무리 상대방이 자기 사무실에서 기다리는 사람이라고 하더라도 이렇게 늦으면 벌써 당신에 대해 짜증을 내게 마련이다. 첫인상을 이렇게 시작한 관계가 잘돼 나가리라고 볼 수 없다. 그뿐인가, 다음 약속에 늦어질까봐 자꾸만 흘끔흘끔 손목시계를 보고 있으면 상대방은 당신이 다른 데 정신을 팔고 있다는 것을 금방 눈치 채게 된다. 이러고서도 판매의 성공을 기대할 것인가?

18 업계의 관련 잡지를 주의 깊게 읽어라

관련업계의 잡지와 저널들을 반드시 챙겨 읽도록 하라. 필수적인 정보를 거기에서 얻게 된다. 당신 회사뿐 아니라 고객회사가 속한 산업이나 업종의 저널들에 대해서도 신경 써서 정보의 흐름을 좇아가야 한다.

어떤 종류의 사람이 미국의 《하이웨이 엔지니어(American Highway Engineer)》라는 잡지를 읽을까? 《주간 출판(Publishers Weekly)》은? 《빌보드(Billboard)》는? 혹은 《버라이어티(Variety)》는?

이런 잡지들은 일반 신문 가판대에서는 팔리지 않는다. 따라서 수많은 사람들이 그런 출판물들이 있는지조차 모른다. 그러나 전문 업종 관계자들은 열심히 읽는 이런 전문출판물들이 미국에는 수천 종이나 배포되고 있다. 다른 사람에게는 관심이 없을지 모르지만 그 직종에 종사하는 사람에게는 더없이 귀중한 정보들을 자세하게 다루는 책이나 잡지, 신문들이다.

당신 직종에도 물론 이런 전문 저널들이나 주간지, 월간지들이 있을 것이다. 이런 책들을 일부러라도 찾아서, 혹은 돈을 주고 구독하다 보면 놀랄 만큼 지식이 늘어나고 산업 전체를 보는 눈이나 업계전체 동향을 파악하는 능력이 생기게 된다.

이런 책들을 찾아 읽어라. 그러면 급변하는 경제 환경이나 업계의 흐름을 따라갈 수 있는 정보가 생기게 마련이고 상황에 대처하는 마음의 준비를 할 수 있다. 남들보다 조금만 더 알아도 그만큼 경쟁력이 생긴다.

정보, 경쟁에서 이기기 위한 최고의 무기

자신의 회사가 속한 업종만 신경 쓸 것이 아니라 고객의 업종에도 신경을 써야 한다. 일반적으로 정보를 얻을 수 있는 가장 좋은 방법이 업계 전문지를 읽는 것이다. 모든 전문지들을 구독하는 것이 경제적으로 부담스럽거든 필요한 것 한두 개만 구독하고 나머지는 회사 도서실이나 집 근처 시립 도서관에 들러서 필요한 잡지를 읽고 필요한 부분은 복사를 하면 된다. 당신이 얻은 정보만큼 당신은 경쟁에서 유리해진다.

어느 업종이건 그 업종에서만 사용하는 특수한 용어가 있게 마련이다. 당신은 자신이 속한 업종의 용어를 어느 정도나 소화하고 있는가? 아마도 대부분 안다고 대답할 것이다. 그렇다면 고객의 업종에서 사용하는 특수 용어는 어느 정도나 알고 있는가? 아마도 대충은 알아듣는 정도라고 대답할 것이다.

전문 잡지를 읽고 모르는 용어를 소화해 두면 나중에 고객이 익숙한 전문용어로 무엇인가를 설명했을 때 못 알아들어서 당황하는 일은 없을 것이다. 또 상대방이 어떤 상황에서 어떤 제품을 필요로 하는가를 금방 알아채게 될 것이다. 혹은 상대방 업종의 장래에 대해 예견과 예측이 필요할 때 당신이 이만큼의 지식과 관심이 있다는 것을 말할 수 있게 될 것이다. 읽어서 소화한 만큼 다른 사람에 비해 경쟁력을 얻게 되는 것이다.

업계 인물이나 동정난, 혹은 잘나가는 회사들에 대한 소개를 주의깊게 읽다 보면 어느 업체에 누구를 방문해서 접촉해야 가장 효율적으로 납품을 할 수 있는지에 대한 아이디어를 얻게 되기도 한다. 귀중한 판매 정보를 얻게 되는 것이다. 누구누구가 이번에 구매부장이나 이사로 승진했고 이 사람은 어떤 경력이 있고 취미는 무엇이며 자녀는 몇 명이나 있는가 등등의 시시콜콜한 정보까지 모두 얻게 된다. 그래서 나중에 만나게 됐을 때 "일전에 어느 잡지에서 읽었는데 취미가 등산이시라면서요? 지금까지 가장 높은 산을 정복한 게 해발 몇 미터 산이었습니까?" 하고 자연스럽게 말을 꺼낼 수 있게 된다.

정보를 파일해 두어라

이런 정보들을 얻으면 일단 파일로 만들어두는 것도 좋은 습관이 된다. 사람의 기억이란 게 금방 희미해지기 때문이다. 우연히 접촉하게 된 사람에게 희미해진 기억으로 엉뚱한 정보를 기억해 내서 엉뚱한 이야기를 하게 되면 실수를 저지르기 때문에 사람별로 파일을 해두라는 것이다. 철을 해두면 나중에 그 사람을 만나게 됐을 때 꺼내 읽고 그 개인에 대한 정보로 무장을 한 채 상대방을 만나기 때문에 훨씬 도움이 된다.

어느 사람이건 처음 만났을 때 그 사람과 밀접한 관계가 있는 흥미 있는 요소를 두세 가지 화제로 끄집어내면 처음의 서먹서먹한 감정이 금방 누그러진다. 만나서 한동안 어색한 침묵이 흐르다 간신히 날씨에 대해 이야기하고 또 어색한 침묵이 이어지는 고역스러운 몇십 분을 견디는 것보다는 미리 철해 뒀던 업계 정보나 개인에 대한 정보를 읽고 이를 언급하는 편이 훨씬 빨리 친해지고 자연스럽게 업무 이야기로 연결시켜 나가기가 쉽다.

19 방문한 다음날이 중요하다

첫 방문 다음날, 다시 말해서 방문이 끝나고 24시간 이내에 감사 편지나 전화를 한다. 이를 완전히 습관화하는 것이 좋다. 처음에는 다소 귀찮더라도 습관화해 두면 당신의 먼 장래에 큰 도움이 된다는 것을 보장할 수 있다.

직장을 잡기 위해 면접을 해본 적이 있는가? 있다면 면접을 하기 전에 고등학교나 대학의 직업상담전문가들이 당신에게 해준 충고를 아직 기억하고 있는가? 틀림없이 이렇게 충고했을 것이다. "면접을 하고 난 다음날 감사 편지를 보내는 것이 좋습니다. 단 많은 말을 늘어놓지 말고 정중하고 간결하게 감사를 표해야 합니다."

똑같은 이야기를 당신에게 해주고 싶다. 당신이 고객을 처음 만나고 난 다음날 고객에게 간명하고 정중하게 감사 편지나 감사 전화를 하라. 수많은 판매·영업직 사원이나 종사자들이 이같은 감사 편지와 전화의 중요성을 알면서도 다음날 바쁜 일정 때문에 잊어버리거나 귀찮아서 이를 소홀히 하곤 한다. 따라서 처음 방문을 한 날 저녁에 다음날 일정으로 감사 전화나 편지 쓰기를 일정표에 적어놓도록 한다.

감사 편지나 전화는 반드시 24시간 이내, 상대방에게 당신에 대한 인상이 아직 생생하게 남아 있을 때 해야 한다. 상대방은 당신이 예의바른 사람이라고 생각하게 될 것이다. 그러나 주의할 점은 정중하고 간결해야 한다는 것이다. 과유불급(過猶不及)이라고 너무 지나치면 안 함만 못하는 상황이 된다. 상대방이 부담을 가져서 지레 겁을 먹고 기피하게 되기 때문이다.

 ## 전화는 어떻게 하는 것이 좋을까?

> "스미스 씨, 어제 사무실로 찾아뵀었던 인포월드(InfoWorld) 사에 근무하는 모드 파워스입니다. 여러 가지로 바쁘실 텐데 시간 내주시고 도움 말씀 주셔서 감사하다는 뜻을 전하기 위해 전화 드렸습니다. 다음 주 만나기로 한 시간에 말씀하신 자료들을 모두 준비해서 꼭 찾아뵙겠습니다."

대충 이런 간단한 내용이 적당하다. 그런데 내 경험으로는 회사의 로고가 새겨진 편지지에 간결하고 정중한 감사의 뜻이

담긴 편지가 더 효과를 발휘하는 것으로 보인다. 그런데도 불구하고 전화의 예부터 든 것은 요즘처럼 바쁜 시간에 편지 써서 부칠 새가 어디 있느냐고 생각할 사람이 많이 있기 때문이다(실은 바쁜 것도 바쁜 것이지만 편지 쓰기가 귀찮아서인 경우가 더 많다). 그러나 정중한 편지는 여러 가지 장점이 있다. 이런저런 미사여구를 동원하거나 복잡한 제품설명을 하거나 지나치게 강요적인 내용을 풍기는 것은 결코 바람직하지 않지만 간결한 감사 편지는 전화보다 훨씬 성의가 있어 보인다.

적절한 감사 편지의 한 예를 들어보도록 하자. 당신이 보내는 편지는 대략 이런 틀이나 기조를 유지하는 것이 바람직하다.

스미스 씨

어제 바쁜 일정에도 불구하고 시간을 할애해서 여러 가지 도움이 되는 말씀을 해주셔서 감사합니다. 이에 대해 감사의 뜻을 전하고자 펜을 들었습니다.

어제 우리가 나눴던 이야기들이 상당히 흥미 있고 유익했던 것 같습니다. 따라서 저희가 업무관계를 계속해 나가면 반드시 서로의 회사에 도움이 되는 점이 많을 것으로 저는 확신하고 있습니다. 혹시 어제 나눈 이야기 가운데 의문점이 있으시거나 제가 도움이 될 만한 점이 있으시면 꼭 전화 주십시요. 기꺼이 도와드리겠습니다. 곧 다시 만날 수 있기를 희망합니다.

다시 한 번 감사 말씀 드립니다.

1998년 8월
모드 파워스 드림

바빠 죽겠는데 전화면 되지 뭘 번거롭게 편지까지 쓰느냐고 웃어넘기지 말고 한번 시도해 보라. 편지는 고객과의 관계를 정중하면서도 편안하게 풀어나갈 수 있는 놀라운 효과를 가지고 있다. 또 회사의 로고가 찍혀 있는 고급 편지지에 정중한 문투로 편지를 보내면 뭔가 권위가 있는 좋은 회사의 사원이라는 인상을 상대방에게 줄 수 있다.

 ## 편지에 강요하는 듯한 인상을 주지 마라

그러나 편지 이전에 한 가지 경고해 둘 것이 있다. 가령 이 편지가 고객을 두세 번 만난 후에 보내는 것이라면, 그리고 고객이 결정을 못 내리고 시간을 끄는 상황에서 보내는 편지라면 편지 속에서 뭔가 빨리 결정을 내려달라는 재촉이 담기는 문장을 자기도 모르게 포함시킬 가능성이 있다.

이럴 때 조심해야 한다. 편지는 감사로만 그쳐야지 그 편지 안에 강요하는 뜻을 담아 보내면 오히려 상대방에게 부담으로 작용해 다음 만날 약속을 취소하고 싶어지는 쪽으로 작용할 수 도 있다. 편지로 강요하는 것은 직접 강요하는 것보다 얼굴을 안 봐서 더 편하게 느껴지지만 반대로 편지를 받는 입장에서는 더 짜증이 날 수도 있다.

다시 한 번 강조하지만 직접 방문한 뒤에 하는 전화나 편지 는 간결하고 정중해야 하며 상대방에 대한 배려로만 일관해야 한다.

20 대중연설에 익숙해져라

틈나는 대로 자기 분야에 관해 강연회를 하든가 세미나에 참석하라. 대중 앞에서 연설을 하면 자신감이 붙게 된다. 자신이 전문가로 여겨지는 데서 오는 자신감이다. 따라서 교회든, 로터리 클럽이든, 지역 상공회의소든 적극적으로 강연회 연사로 나가서 자신의 경험과 정보를 다른 사람과 공유하도록 한다.

누구에게나 대중연설은 두려운 일이다. 사람들이 가지는 여러 가지 감정 가운데 대중 앞에 서면 긴장하고 떨리고 두려워지는 건 거의 생리적으로 공통된 현상일 것이다. 그럼에도 불구하고 대중연설을 할 기회가 있으면 망설이지 말고 나서서 설득의 기술을 부지런히 연습하라고 권하고 싶다.

판매·영업직 종사자로서의 당신은 그 분야에서 최고의 전문가이기 때문에 어느 정도 업계에서 이름이 알려지면 의외로 많은 대중연설을 부탁받게 된다. 반드시 당신 분야에 국한된 대중뿐만 아니라 어떤 종류의 사람들 앞이건 부지런히 대중연설을 하다 보면 익숙해지면서 점점 자연스러운 설득의 기술을 익힐 수 있게 되고 말과 행동에 권위가 따르게 된다.

판매 전문가로서의 연설

대중연설을 자주 해본다는 것은 양날의 칼을 가진 것으로 비유할 수 있다. 나쁜 점은 앞서서도 이야기했다시피 긴장이 되고 준비에 시간을 빼앗긴다는 점이고 좋은 점은 우선 당신 분야에서 전문가로 대우받는 데서 오는 자신감이 말과 태도에 자연스럽게 배게 된다는 점이다. 그리고 당연히 당신은 전문가여야만 한다. 그 분야에서 전문가가 아니면 어떻게 상대방의 문제점을 듣고 해결하고 설득할 수 있겠는가? 적어도 고객은 당신을 그 분야에 관한 한 최고의 전문가 가운데 한 사람일 것이라고 가정하고 만나게 된다.

당신은 말하고자 하는 주제를 명확하게 알고 효율적으로 전달할 줄을 안다. 하루에도 몇 사람을 만나서 제품 생산과정과 필요성과 신기술성과 적용성 등에 관해 하루 종일 이야기를 하려면 시간을 효율적으로 안배해야 하고 그러려면 말하는 주제가 분명해야 하고 전달하는 방법이 효율적일 수밖에 없기 때문이다.

당신은 또 정보의 전문가이다. 이 사람 저 사람이 궁금해 하는 것을 생산파트 사람에게 일일이 물어가며 답변해 주다 보면 자신도 모르는 사이에 놀랄 만큼 전문가가 되어 있는 것이다.

따라서 고객에게 하는 정도의 답변을 약간만 변환시키고 쉽게
정리하면 얼마든지 대중연설이 가능하다.

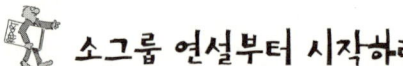 소그룹 연설부터 시작하라

내 경험담을 보태자면 처음에는 주변의 몇몇 그룹들이 내
전문성을 인정해 줘서 아주 제한된 소그룹에서 강연을 했다.
몇 번 하다 보니 조금씩 이름이 알려지게 되어 좀더 큰 그룹에
서 초청 받아 강연을 하였고 그걸 또 몇 번 되풀이하다 보니
나도 모르게 어느새 내 분야의 '명사'가 되어 있는 나 자신을
발견했다.

당신의 경우도 예외는 아니다. 처음에는 누구나 무명이지만
우연히 한두 번 초청을 받아들여 강연을 하다 보면 자신감이
생기고 다음에 좀더 큰 그룹에서도 전혀 동요하지 않고 강연을
할 수 있게 된다. 따라서 이 같은 대중연설이나 강연회는 자기
강화의 한 훈련이 될 수 있다.

문제는 처음에 어떻게 떨지 않고 대중연설을 시작하느냐이다.
아무리 머릿속으로는 이 산업 분야의 문제는 이러저러하고 그
문제들을 해결하기 위해서는 이러저러한 방안을 마련해야 한다
고 그 구체적인 예까지 모두 정리돼 있는데도 막상 연단에 올라

서면 긴장하고 떨려서 자기가 무슨 이야기를 하는지도 모르고 횡설수설하게 마련이다. 이성과 자율신경이 따로 노는 것이다.

따라서 이 같은 대중연설을 자주 해서'긴장 풀기 연습'을 해야 한다. 이것이 당신의 판매실적에 무슨 영향이 있는지 이해가 안 가는 사람이라면 당신은 분명히 이 분야에서 일을 하게 된 지 얼마 안 된 사람일 것이다.

대중연설의 실질적 혜택

대중연설을 자주 하면 앞서 언급한 자신감이 생긴다는 것 외에도 다른 실질적인 혜택이 생긴다.

여러 연구 결과에 따르면 판매·영업직의 노련한 종사자나 경영 컨설턴트가 대중연설을 잘할 경우 전체 참석자 가운데 열에 한두 사람 정도는 반드시라고 해도 좋을 만큼 나중에 연설이 끝난 후 당신을 직접 찾아와 어떻게 하면 당신 회사의 물품을 납품받을 수 있느냐, 혹은 어떻게 하면 당신이 아까 말한 서비스를 받을 수 있느냐 하고 묻는다는 것이다.

왜냐하면 당신이 연설을 하거나 강연을 할 때 무의식적으로 자신의 여러 경험들 가운데 결과가 성공적이었던 경우들을 예로 들기 때문이다. 다시 말해 당신의 강연을 들은 사람 중 10%

는 이미 당신에게 설득됐다는 뜻이다. 따라서 당신이 굳이 찾아다니지 않아도 이미 상대방이 스스로(?) 설득돼서 당신을 찾아오는 것이다.

이 얼마나 효율적인 판매인가! 만약 상대방은 당장 납품받거나 당신 회사의 서비스를 필요로 하지 않더라도 이미 당신에 의해 설득이 된 상태이기 때문에 강연회를 끝내고 나서 악수를 하고 명함을 교환하고 나면 주변의 친구들이나 동료들에게 당신에 대해 입 선전을 해주게 될 것이다.

물론 대중연설이나 강연이 쉽다는 것은 아니다. 어떤 사람은 자연스럽게 대중연설 능력을 타고나기도 하지만 대부분은 경험에 의해 신경이 단련이 된다. 자주 해보면 긴장의 정도도 덜해지는 것이다. 바쁜 일상 중에 시간을 쪼개서 강연회를 준비하고 연습하고 나중에 실제 대중 앞에 서서 말하는 것이 쉽지는 않겠지만 그럴 만한 가치가 충분히 있다. 정 떨리거든 정말 익숙한 프로 연사들도 연단에 서기 전에 몹시 긴장한다는 사실을 상기하라. 완전히 신경을 진정시킬 수는 없어도 흥분된 아드레날린을 어떻게 통제하는지는 자주 해보면서 자연스럽게 깨치게 된다.

대중강연 기회를 스스로 개척하라

그렇다면 아무도 초청해 주는 사람이 없다면 어떻게 할까? 이건 좀 곤란한 질문이긴 하다. 그러나 기회가 찾아오지 않는다면 스스로 만들어라.

주변의 누구를 동원하거나 통해서든, 처음에는 돈을 받을 생각도 말고, 일단 자신의 전문성을 발휘할 강연 기회를 만들어나간다. 지역 상공회의소를 찾아가서 당신의 전문분야가 이러저러하기 때문에 경험과 전문성을 다른 사람들과 나누고 싶다고 이야기해 보라. 웬만하면 기회가 주어질 것이다. 만약 로터리 클럽에 가입해 있다면 이런 채널을 이용하는 것도 괜찮고 하다못해 교회 사람들 모임에서라도 서슴지 말고 당신의 전문성과 경험을 나눠줄 기회를 가져라.

어떤 단체, 어떤 모임이건 당신이 속해 있는 분야와 약간의 관련이라도 있으면 앞에 나서서 이야기할 기회를 놓치지 말라는 것이 나의 진심에서 우러나오는 충고다.

 ## 일단 시작해 보라

자, 일단 주변에 어느 그룹을 접촉할지를 심사숙고해서 결정하고 몇몇 목표그룹이 일단 선정이 되면 기회가 있을 때 찾아가서 당신의 뜻을 전달하라. 대부분의 경우 공짜로(?) 경험과 전문성을 나눠주겠다는 당신의 말을 크게 환영하고 스케줄을 짤 것이다.

뭐 그렇게까지 할 필요가 있느냐는 생각이 들거든 스스로에게 한번 물어보라. 내가 이런 노력을 해서 최악의 경우 잃는 것이 무엇인가를. 기껏 해봐야 계획을 세우고 접촉하는 데 걸리는 시간을 좀 잃을 뿐이다. 또 몇몇 곳에서 거절이라도 할라치면 자존심도 상하고 자신감을 잃게 되는 부작용도 좀 있을 것이다.

그러나 앞서서도 이야기했지만 그리 유명하지 않은 지역단체들의 경우에는 그리 대단한 연사를 구할 입장도 못된다. 당신 정도의 능력과 경험과 자질이면 충분히 지역 경제인들에게 경험을 전할 수 있을 정도의 자격은 분명히 있는 것이고 따라서 적절한 시간에 당신을 불러 강연을 부탁하게 될 것이다. 내가 아는 많은 사람들이 이런 대중연설과 강연을 통해서 자신감을 얻고 부수익으로 판매고까지 높였다는 사실을 덧붙이고자 한다.

21 뿌린 대로 거두리라

얼핏 보기에는 당신의 경력과 아무 상관없어 보이는 사람이라도 도울 수 있으면 적극적으로 돕는 것이 좋다. 언제 어느 때 어떤 형태로 당신이 그 도움을 되돌려 받게 될지 모른다. 자신이 속한 조직 내에서 상대방을 도와주는 사람으로 인정을 받게 되면 정보로부터 소외되지 않으며 결정적인 순간에 도움을 받게 될 수도 있다.

"뿌린 대로 거두리라(What goes around, comes around)"라는 격언에 대해 이야기하면 많은 판매·영업직 사원들이나 종사자들은 그 격언이 대체 나와 무슨 상관이 있나 하는 뜨악한 표정을 짓곤 한다. 얼핏 봐서는 별 상관이 없어 보이기 때문이다. 그러나 곰곰이 생각해 보면 이 격언은 중요한 의미를 지닌다.

라이벌과의 협조

당신이 스스로 무슨 일을 처리할 때 나는 할 수 있다라는 자신감 있는 태도를 유지하는 것은 어렵지 않지만 그러나 왜 남을 도와주면서까지 그런 자세로 최선을 다해야 하는지를 이해하는 것은 쉽지 않다. 당신이 도와주어야 할 상대가 당신 경력에 별 보탬이 안 될 것으로 보이는 사람이라면 더더구나 이해가 잘 안될 것이다. 나도 왜 그렇게 해야 하는지 한마디로 답변하기는 어렵다. 그 인과관계가 복잡하기 때문이다. 이를 보다 쉽게 이해할 수 있도록 예를 들어 보겠다. 농구세계의 예다.

농구게임에서 경기 중간 중간 어느 선수가 골을 넣고 나면 같은 포지션의 상대팀 선수와 농담을 주고받는 것을 혹시 본 적이 있는가? 잘못 본 것이라고 생각하겠지만 사실이다. 한 게임마다 엄청난 돈이 걸려 있고 따라서 치열한 경쟁관계인 양측 선수들이라면 농담은커녕 좀더 냉혹한 표정으로 엄격한 거리를 유지해야 할 것 같은데 실제로는 서로가 서로를 격려하고 농담을 주고받는 것이다.

실제로 둘이서 무슨 이야기를 주고받는지 구체적인 내용까지야 우리가 알 도리가 없지만 양측 라이벌들은 경기 도중이나 경기가 끝난 후에 이러저러해서 그런 결과가 나왔다는 것을 토론하고 전략의 득실을 의논하기도 한다는 것으로 알려져 있다. 바둑 선수들이나 체스 선수들이 게임이 끝난 후 서로 복기를 하면서 여기는 이렇게 됐어야 하고 저기는 저렇게 처리했어야 한다는 등 의견을 주고받는 것과 비슷한 이치다. 물론 팀의 핵심전략은 물어보지도 않고 가르쳐 주지도 않는다. 두 라이벌들은 서로 경쟁관계이기도 하지만 그 방면에 관해 그 누구보다도 치열한 이해관계와 흥미를 갖고 있다는 점에서 동료이기도 한 것이다.

야구에서도 마찬가지다. 각자의 팀에서 숏스탑을 맡은 두 선수들은 게임할 때는 경쟁관계이다가도 게임이 끝나고 나면 어느 구장은 어떤 특징이 있고 어느 구장은 어떤 나쁜 점이 있는지 각 구장에 대해 이야기를 나누기도 하고 이런 경우 어떻게 대처해야 하는지 의견을 나누기도 한다. 자기들이 가진 정보를 교환하기도 한다.

이렇게 정보도 나누고 전략도 토론하는 것은 자기들이 서로 경쟁관계라고 생각지 않아서가 아니라 경쟁관계이면서도 동료라고 생각하기 때문이다. 경쟁을 통해 서로의 기량을 키우고 시너지 효과를 내는 것이다.

남을 도와주면 남도 나를 돕는다

당신도 그래야 한다. 지금 당장 나에게 큰 도움이 되는 사람은 아니더라도, 혹은 거꾸로 당신과 경쟁관계인 사람이라도, 필요할 때는 당신이 도와주고 정보를 주는 것이 좋다. 그런 사람으로 동료들이나 상사에게 알려지면 당신에 대한 전반적인 평가가 달라진다. 그러면 상대방도 당신이 가장 경계할 상대나 문제가 뭔지를 넌지시 알려줄지도 모른다.

언제 그런 힌트를 받게 될지, 언제 상대방이 어떤 업계 정보를 알려줄지 아무도 모른다. 다만 당신 역시 결정적인 순간에 그런 도움을 받으려면 평소에 상대방을 도와줄 마음의 준비가 돼 있어야 한다는 것을 강조하고 싶은 것이다. 적어도 떠도는 이런저런 정보를 당신만 빼고 모두 아는 정보의 고립에서는 벗어날 수 있다. 그것이 남을 돕는 마음자세가 가져오는 혜택이다.

물론 모든 스포츠 게임의 선수들이 라이벌들과 이야기를 나누는 것은 아니다. 그렇지 않은 선수들도 있다. 농구선수들이 이른바 *The book*이라고 부르는 일종의 전략집, 모든 사람들의 지혜를 모아 상식으로 굳어진 여러 가지 게임의 기술이나 전술을 집대성한 책이 있는데 거기에 전혀 도움이 안 된 선수들의 리스트도 있다. 당신 업종에서도 비협조적인 사람들이 있는 것처럼, 당신이 아무리 도와줘도 반응을 보이지 않고 필요한 정보만 얌체처럼 가져가 버리는 사람도 있을 것이다. 그러나 그런 사람은 결국 정보에서 고립된다. 그런 사람으로 한번 낙인이 찍혀 버리면 결정적인 순간에 물을 먹게 될 수도 있고 장기적으로는 결코 성공할 수 없다.

아마도 당신 회사에도 모든 사람에게 도움이 되는 세일즈 매뉴얼이 있을 것이다. 판매에 성공을 거두는 일반적인 지혜는 물론이고 판매로 연결된 여러 가지 경우의 수나 고객 접근 방식이나 추천을 받는 경우 등 아무튼 직업적으로 꼭 필요한 내용을 집대성한 매뉴얼 말이다. 거기에 많은 도움을 준 사람이라는 평가를 받아야 한다. 당신이 많이 기여하면 할수록 당신이 뜻하지 않게 받게 되는 정보나 기회도 많아진다.

결국 뿌린 대로 거두게 되는 것이기 때문에 지금 가능한 한 많은 씨를 뿌려둬야 나중에 결실을 얻을 수 있게 될 것이다. 지금 동료들을 돕는 것은 장래에 대비한 현명한 투자라고 할 수 있다.

22 자신의 행동에 책임감을 가져라

충분한 접촉을 갖고 고객이 지닌 문제에 적절한 해결책을 제시하고 당신 회사 제품의
장점에 대해 잘 설명을 했는데도 불구하고 상대방이 최종 순간에 거절할 경우 상대방
에게 개인적으로 책임지는 자세를 보여라. 상대방은 미안해서라도 왜 구매할 수 없는
지에 대해 설명할 것이다. 그 설명이 당신에게는 귀중한 정보가 된다.

　　판매 실패에 따른 모든 책임을 자신에게 돌리는 태도는 판매
고를 높이는 데 있어 기가 막히게 효율적인 수단 가운데 하나
다. 만약 당신이 나와 비슷한 사람이라면 내가 처음 이 아이디
어를 들었을 때처럼 왜 좀더 빨리 이 전략을 받아들여서 판매
기법에 응용하지 않았을까 안타까워할 것이다.

　　그러나 이 아이디어를 당신의 것으로 받아들이는 데는 핵심
적인 전제 조건이 있다. 당신이 고객의 문제에 대해 진심으로
함께 걱정하고 당신이 권하는 납품 서비스나 물건이 고객의 문
제를 해결하는 데 최선이라는 것을 절대적으로 확신해야 한다
는 것이다. 그리고 누가 당신 회사에 대해 물었을 때 고객을 최
우선으로 하고 있고 고객에 대한 최선의 서비스를 모토로 하는

회사라고 진심으로 대답할 수 있어야 한다. 그런 자신감이 없으면 지금부터 내가 이야기하려고 하는 전략은 무용지물이 될 것이다.

고객을 접촉해서 몇 단계의 판매 사전 절차를 거치고 제품이나 서비스에 대해 이런저런 이야기를 나눈 후 결국 납품을 할지 말지를 결정하는 최종 단계에 이르렀을 때 이렇게 물어보라.

"자 지금까지 전반적으로 필요한 이야기를 모두 끝낸 것 같은데 납품(혹은 서비스)을 언제부터 시작하는 것이 가장 좋을까요?"

그러면 상대방은 두 가지 중 하나의 대답을 할 것이다. 언제부터 서비스를 시작하라든지 언제까지 납품날짜를 맞춰달라든지 하는 경우가 있을 것이고, 혹은 당신이 권하는 제품이나 서비스를 구매할 의사가 없다고 말할 것이다. 아무튼 대답은 "예스"거나 "노"거나 둘 중 하나니까.

만약 상대방이 "노"라고 하면 당신은 진심으로 놀라는 표정을 짓게 될 것이다. 충격을 받기도 한다. 왜 놀라고 충격을 받은 태도를 보이게 되는가? 그것은 당신이 회사 제품의 품질이나 서비스에 대해 완전히 신뢰하고 있고 그것이 고객의 문제를 해결하는 데 최선이라는 것을 잘 알고 있으며 고객에게도 그

점을 알릴 만큼 알렸는데도 상대방이 거절하는 것은 오로지 자기 책임이라고 생각하기 때문이다.

"존스 씨 정말 놀라고 안타깝습니다. 저는 진심으로 저희 회사가 제시하는 제품(서비스)의 품질대비 가격이 가장 싸고 사후 서비스도 최선이고 고객만족도도 최고라는 점을 믿고 있습니다. 그런데도 당신이 거절하시는 것은 제가 뭔가 잘못 말했거나 설명을 잘못해서인 것 같은데 어떤 점이 잘못됐는지 몰라도 사과드리겠습니다. 그리고 큰 부담이 없으시면 제가 어느 점을 잘못했는지 말씀해 주시면 반드시 고치도록 하겠습니다. 이 판매 건이 아니더라도 다음 판매 건에서 똑같은 실수를 되풀이하면 안 되니까요."

이런 반응을 접한 상대방은 어떻게 생각할까? 그런 걸 왜 물어보느냐고 퉁명스럽게 손을 내저은 후 이야기가 모두 끝났으니 빨리 나가보라고 할 정도의 강심장인 사람은 많지 않을 것이다. 왜냐하면 이야기가 판매의 마지막 단계까지 진행됐다면 상대방도 어느 정도 관심이 있어서 계속 상담을 해왔을 것이기 때문이다.

따라서 당신이 상담실패에 대해 그렇게까지 낙담하는 표정을 보이고 개인적인 잘못으로 돌리면서 책임감을 느끼는 것을 보면 상대방은 어느 정도 미안한 마음이 들어서 당신 회사 제품이나 서비스에 뭐가 문제가 있는지, 가격이 문제인지 아니면 시스템이 문제인지, 좌우지간 도움이 되는 무슨 말을 해줄 것이다.

당신이 필요로 하는 정보는 바로 그것이다. 당장의 판매에는 실패했더라도 뭐가 문제가 돼서 판매나 상담에 실패하게 됐는지를 알게 되는 것이다. 또 개인적으로 그처럼 강한 책임감을 느끼는 태도를 보이면 상대방은 마음이 약해져서 이러이러한 회사가 최근 납품을 받으려고 하는 것 같은데 그 회사의 누구를 만나보라고 추천해 줄지도 모른다. 혹은 상대방이 이것저것 계산을 해보고 나서 "노"라는 결정을 내리기 직전 단계에서 이런 상황을 맞게 되면 "아니 당신 탓이 아니고, 우리 회사에 이러저러한 문제가 있어서 이번 납품을 받기가 어렵습니다" 하면서 자기네들의 문제가 무엇인지를 자세하게 설명해 줄 가능성이 많다. 그러면 당신이 그 설명을 듣고 나서 뭔가 상대방의 문제를 해결할 수 있는 다른 방법을 제시할 수도 있을 것이다.

진심은 모든 것을 감싸 안는다

다시 말하지만 내가 이 장에서 언급한 테크닉은 전제 조건이 당신이 판매하려고 하는 제품이나 서비스의 질과 가격에 대해 완벽한 신뢰를 가져야 한다는 것이다. 사람은 말로만 자기의 뜻을 전달하는 것이 아니다. 행동과 표정이라는 민감한 언어로도 뜻을 전달한다. 만약 당신이 위에서 말한 것 같은 충격과 놀라움, 의외라는 반응를 단순히 연기로 행동한 것이라면 상대방은 귀신처럼 알아차린다(상대방이 못 알아챌 정도의 연기라면 이미 오스카상감이기 때문에 굳이 판매·영업직에 매달릴 필요 없이 연기자로 변신하는 것이 낫다).

회사의 큰 구매를 결정할 수 있는 위치에 있는 사람이라면 상대방 역시 수많은 사람들을 겪어 봐서 오랜 대인관계와 경험이 있는 사람일 것이기 때문에 어쭙잖은 가짜 연기는 아예 시도하지 않음만도 못하다. 따라서 놀라는 표정은 진심이 바탕이 돼 있어야 한다. 진심은 모든 것을 감싸 안는다. 진심이 바탕이 되는 인간관계가 오래간다는 평범한 진리는 당신의 경력과 인생 전체를 관류하는 기본이어야 한다.

정직과 진심은 당장 눈앞에 엄청난 이익을 가져다주지는 않지만 장기적으로 당신의 경력이라는 나무가 풍성한 가지와 잎이 돋을 수 있도록 든든하고 풍부한 토양을 제공한다는 것을 장담한다.

23 자신의 회사에 자부심을 가질 수 있어야 한다

당신의 직업은 당신의 인생이다. 만약 당신의 가치관과 다른 정책을 지닌 회사에 다니고 있거든 다시 생각해 봐야 한다. 비즈니스는 전쟁터와 같다. 지는 팀에 있는 것처럼 느껴지거든 이기는 팀으로 옮겨가라. 현재 보수가 좋다고 해서 자신의 가치관과 다른 회사에 남아 있지 마라. 남아 있기 위한 변명거리를 찾지 마라.

나는 판매·영업에 대한 강연을 하거나 세미나를 할 때 영업을 종종 전쟁에 비교하곤 한다. 전쟁을 수행하건 영업을 하건 철저한 계획이 바탕이 돼야 하며 총탄이 필요하고 조직과 명령계통이 서 있어야 하며 궁극적으로는 승자와 패자가 극명하게 갈린다는 점에서 비슷하다는 것이 내 생각이다.

그러나 이 비유에서 영업은 전쟁이 갖지 못한 좋은 점을 가지고 있다. 수많은 사상자를 내야 하는 전쟁과는 달리 영업전쟁에서는 아무도 다치는 것은 아니며 필요할 때는 적군으로(다른 회사로) 옮겨갈 수도 있다는 것이다.

직업에 대해 정직하게 생각해 보라

군대를 옮기는 것과 정직한 자기 분석, 자기평가는 성공적인 영업을 하기 위해 반드시 필요한 일이라는 것이 이 장에서 내가 말하고자 하는 포인트이다. 현재 일하고 있는 직장이나 직업이 당신 인생의 가치기준과 윤리의식과 소비자 제일주의의 원칙과 장래의 가능성에 맞는지 안 맞는지를 잘 평가해 보고 답이 확실하게 아니다 싶으면 다른 군부대로 옮기는 것이 좋다.

수많은 판매·영업직 사원들이나 종사자들이 뭔가 이게 아닌데 싶으면서도 다른 직장을 못 얻게 될까봐서, 혹은 하루하루 보내는 게 너무 바빠서, 지금 직장이 내 윤리관이나 가치기준과는 맞지 않지만 보수가 좋아서, 여기까지 경력을 쌓아왔는데 그길 그대로 버리고 떠나자니 너무 아까워서 등등 온갖 이유를 내세워 그대로 남아 있는 경우를 적지 않게 본다.

그러나 다시 냉정히 생각해 보면 새로운 환경으로 변화하는 것을 두려워하고 현상에 안주하고 싶어 하는 심리적 저항감이 만들어낸 자기 정당화라는 것을 알게 될 것이다. 이런 심리는 분석해 보면 답은 명확하다. 판매·영업직 종사자들은 기본적으로 설득을 주 무기로 하는 사람들이기 때문에 남들을 설득시킬 뿐만 아니라 자기 자신에 대해서조차 여러 가지 이유를 내세워 설득하게 된다. 일종의 자기 최면인 것이다.

냉정하게 '자기'와 마주서라

그러나 정직하게 마음을 열어 놓고 생각해 보라. 지금 하고 있는 일과 직장이 정말 자신에게 맞는가를. 마음 한구석에 늘 꺼림직한 부담이 남아있지 않은가? 당신이 내세우고 있는 핑계들이 변화를 두려워하는 은밀한 심리가 만들어 낸 일종의 자기기만과 환상이 아닌가? 남을 설득하되 자기 스스로에는 냉혹할 만큼 벌거벗은 정신으로 자기와 마주서야 한다.

왜냐고? 현재 문제가 되고 있는 것은 당신의 먼 장래이며 당신 스스로의 인생의 코스를 결정하는 중대 요인이기 때문이다. 스스로 자문해 보라. 당신은 직업상 만나게 되는 수많은 고객들, 그리고 동료들과의 관계에서 상호 도움이 되고 이익이 되는 관계를 이뤄나가고 있는가? 남과 나에게 동시에 바람직한 일을 하고 있다는 직업적 자부심이 있는가? 그 자부심을 바탕으로 한 생산적인 장래, 직업적인 관계가 끝나고도 성실하고 스마트한 사람이었다는 인상을 오래 남기는 '인간적인 향기(香氣)'를 추구하고 있는가?

불행하게도 당신이 일하는 회사가 일회성 판매만을 위주로 하고 또 그 때문에 당신이 많은 보수를 받는다고 해도 당신이 접촉한 사람들에게 인간적인 좋은 느낌으로 남지 못한다면 직업적 자부심과는 거리가 멀다고 할 수 있다.

자기 최면의 함정에서 벗어나라

어떤 사람들은 판매나 영업을 하면서 본질적으로 인간관계를 남용하고 사람들의 약점을 교묘하게 이용해서 매출을 높여 가면서도 마치 그렇지 않은 것처럼 자기 최면을 하거나 혹은 "사는 게 다 그렇지." 어쩌고 하면서 애써 자기 일이 가지는 본질적 문제점을 외면하려고 한다. 그러나 충고하건대 절대 그런 사람 가운데 하나가 되지 말라. 아무리 화려하고 보수가 좋아도 일 자체의 성격이 문제가 있는 회사, 그런 일은 하지 않은 것이 좋다.

당신은 현재의 당신이 되기까지 받아온 교육과 주변 환경과 인생의 가치기준이 있다. 당신이 하고 있는 일, 혹은 하려고 하는 일이 스스로의 가치기준이나 인생관, 직업적 자부심과 일치하는지를 생각해 봐야 한다. 나에게도 도움이 되지만 남들에게도 정말 도움이 되는지, 정직하고 옳바른 일인지, 인생을 걸고 오래 그 길을 걸어도 정말 후회가 없을지를 생각해야 한다.

　마음 깊숙이, 당신이 하고 있는 일과 회사가 당신의 인생관과 일치한다고 믿어 의심치 말아야 한다. 어딘가 마음에 걸리는 구석이 있다면 어떤 것이 걸리는지 정직하게 분석하고 판단해야 한다. 그렇지 않으면 언젠가 다시는 돌이킬 수 없는 순간에 후회하게 될지도 모른다. 당신의 직업은 단순한 생계수단이 아니라 당신의 인생인 것이다.

24 주변 사람들에게 당신의 일을 스스럼없이 말하라

왜 자기가 어느 회사에서 어떤 일을 하고 있는지 이야기하지 못하는가? 유명한 뇌수술 집도의나 엄청난 연봉을 받는 기업 변호사만 자기 이야기를 자랑스럽게 하란 법은 없다. 그들이 그 분야에 최고 전문가인 것처럼 당신은 당신 분야에서 최고 전문가다. 남들이 귀찮아하지 않는 한 자기 일을 자랑스럽게 이야기하라.

자기 직업이 뭐 그렇게 대단하다고 이 사람 저 사람에게 떠들고 돌아다니느냐고 쑥스러워할 사람이 있을지도 모른다. 그러나 같은 사람에게 똑같은 이야기를 해서 지루하게 만드는 것이 아니라면 당신의 일에 대해 이야기하지 못할 이유가 없다. 판매·영업은 아침 9시부터 저녁 6시에 끝나는 일이 아니다. 당신이 무심코 스쳐가면서 만나게 되는 누군가가 고객이 될 수도 있고 잠재적 고객과 연결된 사람일 수도 있다.

당신 주치의, 당신 집에 자주 전기를 고치러 오는 전기 수리공, 당신이 다른 지역으로 출장 가는 비행기나 기차에서 만난 옆자리 승객, 자선 파티에서 만난 사람, 자녀의 학교에 가서 만난 다른 학부모, 당신이 자주 이용하는 이발소의 이발사, 같은 교회의 신도, 야구장 옆자리에서 만난 사람, 세미나 가서 만난 사람 등등.

물론 무조건 이들을 붙들고 이야기를 시작하라는 것이 아니고 자연스럽게 말문이 열려서 이 이야기 저 이야기를 하는 과정에서 기회가 생기면 당신이 무슨 일을 하고 있는지를 이야기하라는 것이다. 상대방도 당신이 뭐하는 사람인지 호기심을 가지고 있을 것이기 때문이다. 자랑스럽게 당신이 하고 있는 일과 직장에 대해 이야기하고 장점에 대해 말하라. 상대방이 "어떤 일을 하고 계십니까?" 이렇게 물어왔는데 안 그래도 직장에서 스트레스 받는데 직장 밖에서조차 직장이나 직업이야기를 하느냐는 생각에서 뭐 못할 짓 하는 사람처럼 우물거리지 말라는 뜻이다.

판매·영업은 수많은 인간관계가 만들어내는 오묘한 작품이라는 것을 명심해야 한다. 비행기 옆자리에서 서로 신문이나 잡지를 보다가 지루해져서 서로 수인사를 하게 되면 상대방의 눈을 똑바로 보면서 미소 짓는 자신 있는 얼굴로 "저는 전자부품을 생산하고 있는 ABC회사에 다니고 있는데 대규모 납품영업을 하고 있습니다" 하고 말하라. 혹시 아는가, 상대방이 바로 그 부품을 필요로 하는 회사에 다니고 있을지. 혹은 "아,

그러세요. 제 사촌이 바로 그 부품을 넣어서 만드는 가전제품 회사 구매 담당인데요.......” 하게 될지.

자신의 일에 자부심과 애정을 가져라

내 생각으로는 너무 많은 판매·영업사원이나 종사자들이 다른 사람에게 특히 낯선 사람들에게 자기 직업이야기, 자신이 하고 있는 일에 대해 별로 이야기하기를 즐겨하지 않는 것 같다. 왜 그럴까를 곰곰이 생각해 보면 우선 수많은 고객들을 만나서 일 이야기를 하는 것만도 지겨운데 또다시 일과 상관없는 사람들에게까지 자기 일에 대해 화제로 삼는 것을 본능적으로 꺼리는 것이 가장 큰 이유인 것처럼 보인다. 또 성공한 신경정신과 의사나 일류 기업 변호사나 작가처럼 뭐 그리 사회적으로 대단히 알아주는 일도 아닌데 자랑삼아 떠들 수도 없는 것 아니냐는 반응도 있다.

그러나 말하는 상대방이 잠재 고객과 연결돼 있을지도 모른다는 막연한 기대 이전에, 내가 속한 경제의 중요한 부분을 차지한다는 본질적인 자랑스러움을 먼저 생각해 보라. 기업이 아무리 좋은 품질의 제품이나 서비스를 만들어내면 무엇하나? 기업은 생산과 금융, 마케팅 이 세 가지 요소가 정족지세(鼎足

之勢)를 이루지 못하면 생존하지 못하고 기업이 생존하지 못하면 경제도 존재하지 않는다. 물물경제의 원시사회로 환원되고 말 것이다.

당신이나 내가 하는 일은 금융부문의 도움을 얻어 생산부문에서 만들어낸 제품을 다른 사람에게 판매하는 것이다. 특히 일반인들을 상대로 하지 않는 전문 부품 같은 경우 텔레비전이나 신문에 광고를 낸다고 해서 팔리는 게 아니기 때문에 실제 그 부품을 필요로 하는 기업체의 구매 담당을 만나서 당신 회사가 생산한 부품을 사 쓰도록 대인 설득을 해야 하는 것이다. 그리고 그 구매·판매 과정은 두 회사 모두에게 도움이 되기 때문에 거래가 이뤄지는 것이다.

이런 거래는 모두에게 유리한 일종의 Win-Win게임이다. 따라서 당신은 스스로가 하고 있는 일의 중요성이 신경정신과 의사보다 못하다고 생각해서는 안 된다. 그 사람이 그 분야에 최고인 것처럼 당신도 당신 분야에서 최고가 되어야 한다. 그 사람이 자랑스럽게 자기가 어떻게 지난주에 뇌수술을 성공적으로 끝내서 환자가 살아났다고 이야기하는 것처럼 당신도 어떻게 제품을 잘 판매해서 당신 회사 매출이 신장하고 그 부품을 구입한 회사도 생산성이 높아졌는지를 이야기할 수 있고 이야기해야 한다.

나는 적어도 내가 하고 있는 일에 대해 누구보다도 자부심을 갖고 있으며 내가 열심히 해서 이 나라 경제가 활성화되고 있다고 믿고 있다. 그래서 누구에게라도 내가 어떤 일을 하고 있는지 자랑스럽게 이야기하곤 한다.

가식 없는 애정을 보여라

당신도 나처럼 믿기를 바란다. 그 확신이 생기면 옆자리 낯선 사람에게도 자랑스럽게 AB회사 판매부에 근무하는데 우리 회사가 만들어낸 부품은 불량률이 제로에 가깝고 전 세계로 수출되는 전자제품의 핵심 부품이며 어느 어느 회사에 납품을 하고 있다고 말할 수 있게 된다. 그렇게 말하려고 노력해서가 아니라 마음 한구석에 자랑스러운 느낌이 자연스럽게 솟아나면 말할 때도 가식이 없고 정말 이 사람은 진심으로 자기가 하는 일에 대해 자부심을 갖고 애정을 갖고 있구나 하는 느낌을 준다.

어떤 일이든 자기 일에 애정을 가지고 있는 사람을 보면 상대방은 일견 부럽다는 느낌과 함께(왜냐하면 자기 일에 애정이 없으면서도 마지못해 하는 사람들이 너무 많기 때문에) 당신에 대해 호감을 갖게 된다.

최근 한 연구에 따르면 20일이 넘게 비슷한 마음가짐으로 비슷한 행동을 하면 그것이 일종의 습관으로 굳어진다고 한다. 따라서 한번 그런 습관을 가지려고 노력해 보면 어떨까. 꼭 20일이 아니더라도 그렇게 되풀이하다 보면 저절로 몸에 습관이 배게 될 테니까.

처음에 무조건 그렇게 하는 것이 쑥스러우면 일단 주변의 친인척이나 친구들을 만났을 때 시도를 해보라. 당신에 대해서는 알지만 구체적으로 뭘 하고 어떤 직종의 일에 종사하고 있는지에 대해서는 막연한 생각밖에 없는 사람들을 첫 대상으로 한다. '당신이 하는 일은 어떤 것이고 당신 회사는 어떤 회사고 어떤 사람들을 만나서 어떤 에피소드가 있었고 그때 얻은 경험은 이런 저런 것들이 있고……' 이런 식으로 상대방이 지루해하지 않을 정도까지만 재미있게 이야기를 하면 상대방도 호감을 갖고, 아 이제 보니 이 사람이 이런 일을 하는구나 하고 생각하게 될 것이다. 이때도 당신이 정말 즐거워서, 자랑스럽게 이야기하는 태도나 정신이 중요하다. 당신이 사랑하고 애정을 갖지 않는 일을 마치 애정을 가진 것처럼 말할 수는 없을 테니까. 당신은 수많은 사람을 만나서 설득하는 데 전문가이기 때문에 한번 말을 꺼내면 의외로 쉽게 이야기를 풀어나갈 수 있고, 직업적으로 겪는 어려움이나 실수까지도 즐거운 화제가 될 수 있다.

직업적 어려움을 진솔하게 이야기하면 상대방은 자기 직업의 어려움을 같이 털어놓을지도 모르고 그러면서 더 친근해 질 수도 있다. 그러니 일단 시도해 보라. 나중에 이 습관이 수많은 혜택을 가져올 것이라는 점을 장담한다.

25 유머 감각을 가져라

스트레스를 받는 직업에 오래 종사하려면 때로 모든 일을 홀홀 털어버리고 마음껏 웃을 수 있는 여유가 필요하다. 사물을 객관적으로 보고 유머 감각을 가져라. 오늘은 치명적으로 보이는 실수라도 얼마 안 지나서 웃어넘길 수 있는 좋은 경험이 된다.

자, 마음을 열고 정직하게 이야기해 보자. 판매·영업은 독립 영업직이든 직장에 소속돼서 판매부서에 종사하는 경우이든 결코 쉬운 일이 아니다. 고액의 판매나 납품에 성공해서 현기증이 날 만큼 기쁘고 그에 따라 회사에서 보너스를 듬뿍 받는 경우는 드물고 대부분은 목표량을 채우는 것만으로도 힘에 겨워 헉헉거리는 경우가 많다. 더더구나 경기가 나쁠 때는 정말 힘이 들어서 언제까지 이렇게 힘들게 살아야 하나 하고 좌절감과 절망감을 느낄 때도 있을 것이다.

 ## 연출된 이미지의 이중성

바로 그래서 당신은 유머감각을 가져야 한다. 내 경험으로는 일단 많이 웃는 것이 도움이 된다. 판매·영업직은 자신이 만들어 낸 이미지에 많이 의존하는 직업이다. 연극배우나 영화배우에는 미치지 못해도 실제의 자기보다도 더 좋고 반듯한 이미지를 연출해야 하는 것이 직업적으로 필요하다.

실제의 당신은 부주의하고 털털한 사람이라도 이 직업에서 성공하려면 꼼꼼해야 하고 단정한 옷차림에 모범생 같은 인상을 주어야 한다. 실제로의 당신은 찢어진 청바지에 긴 머리를 아무렇게나 늘어뜨린 히피문화를 사랑하더라도 고객을 만날 때의 당신은 보수적인 이미지여야 한다. 항상 검은색이나 감색 싱글 양복에 단정한 넥타이를 매고 검은색 구두를 신어야 하고 해군들 이상으로 짧고 단정하게 머리를 잘라야 한다. 실제의 당신과는 전혀 다른 이미지 연출이 필요한 것이다. 그 이중성 때문에 때로 답답하고 숨 막히는 경우가 있을 것이다.

가끔 하늘을 향해 크게 웃자

당신이 늘 유머감각을 잃지 않고 가끔씩은 자유롭게 하늘을 향해 큰 소리로 웃을 수 있는 여유를 가져야 하는 이유가 바로 여기에 있다. 당신의 실제 정신과는 전혀 다른 보수적이고 모범생적인 이미지를 억지로 관리하고 유지하려니 얼마나 힘이

들겠는가. 그 허구적(?) 이미지를 유지하는 데 느끼는 스트레스를 떨쳐버리고 오랜 시간 긴장을 유지하려면 때로 철저하게 벌거벗은 나를 바라보면서 웃을 수 있어야 한다.

잠깐 이야기를 되돌려보자. 몇 년 전에 판매·영업직 사원을 묘사한 어떤 영화가 있었다. 정말 끔찍한 영화였다. 촌지 교사를 묘사한 영화가 있다고 해서 모든 교사가 촌지를 받은 것이 아니며 부패한 경찰을 묘사한 영화가 있다고 해서 모든 경찰이 부패한 것도 아니고 비도덕적인 변호사나 의사를 묘사한 영화가 많다고 해서 모든 변호사나 의사가 비도덕적이 아니듯, 판매·영업직 사원이 사람을 속여 넘기고 정직하지 못하게 행동하고 단 한번 팔아먹으면 그만이라는 식으로 판매하는 것을 그린 영화가 나왔다고 해서 모든 판매·영업직 사원이나 종사자들이 다 그렇다는 것은 아닐 것이다. 그렇다고 해도 기분이 나빴던 것은 사실이다.

우선 우리 직업을 잘 알지 못하는 사람들이 그런 영화를 보면 이상한 선입관을 가지게 될 것이다. 사람을 속여서 물건을 팔거나 납품하려는 사람으로 볼 우려가 있다. 상품 대부분의 품질을 잘 알 수 없는 상태에서 상대방에게 판다는 것은 두세 가지 경우 중 하나다.

상대방이 정말 전문가여서 품질과 가격을 잘 알아서 자신에게 도움이 되기 때문에 사는 경우가 있을 것이고 일단 당신 회사의 이름이 괜찮기 때문에 제품의 품질도 괜찮으려니 하고 납품을 받기로 결정할 수도 있다. 혹은 당신의 태도가 너무도 진지하고 성실하기 때문에 한번 믿어보기로 하고 구입을 할 수도 있다.

그런데 우리의 직업을 그처럼 부정적으로 묘사하는 영화를 혹시라도 보고 난 뒤에는 전자의 두 가지 경우(상대방이 전문가거나 당신 회사가 이름이 나 있는 경우) 외에는 일단 모든 판매·영업사원을 부정적인 이미지의 전형으로 대할 것 아닌가.

이 영화는 잘못된 생각과 태도를 가진 일부 판매·영업직 종사자가 선의의 다른 사람들에게 얼마나 엄청난 피해를 주는지를 웅변적으로 증명한 영화였다. 판매·영업에 대해 흥미를 갖고 여기서 성공해서 인생의 승부를 걸려고 하는 사람에게는 더욱 더 이런 영화가 미치는 폐해가 크다고 할 수 있다.

영화를 보면 세 사람의 판매 사원이 여러 가지 해프닝을 벌이는데 그야말로 잘못된 행동과 실수의 백과사전을 연상케 한다. 하는 말 한마디 한마디가 거칠고 협박적이고 거짓말로 가득 차 있으며 끊임없이 실수를 계속하고 납품날짜를 어기고도 거짓말을 밥 먹듯 해서 일단 위기를 넘기고 고객이 말을 할 때면 하품을 하거나 다른 데로 시선을 팔고 건달 같은 옷차림에 껄렁대는 행동하며 아무튼 상상할 수 있는 모든 부정적인 이미지를 전달하는 것이다.

그러나 그 영화에서 가장 잘못된 이미지는, 그들이 전혀 유머감각이 없는 사람들로 묘사됐다는 것이다. 온갖 부정적인 이미지로 가득 차 있다고 하더라도 거기에 웃음이 있고 유머감각이 있었다면 그 영화 제작자가 저지를 모든 실수와 부정적인 이미지를 한꺼번에 만회할 수도 있었을 텐데, 그 영화에는 그 유머감각이 결여돼 있었다.

 ## 한 발짝 물러나는 여유를 가져라

내가 이 글을 읽고 있는 당신에게 하고 싶은 이야기도 비슷한 이야기다. 당신이 사람인 이상 남들이 저지르는 모든 종류의 실수를 당신도 저지를 수 있다. 그 실수들은 나중에 보면 아무것도 아니고 장기적으로 보면 실수도 경험이 되기 때문에 별 문제가 되지 않는다. 만약 당신이 때때로 당신의 일을 한 발짝 물러나서 객관적으로 보고 웃어넘길 여유가 없다면 그것은 당신의 경력에 치명적이다. 다른 실수는 만회할 수 있어도 당신의 삶에 웃음과 유머가 결여됐다면 그 실수는 만회하기 어렵다.

당신 인생에서 꿈을 실현시키고 장래를 열어나가는 유일한 수단은 당신 자신이다. 스스로를 보살피지 못하고 여유를 갖지 못해 정신적으로 지쳐서 나가떨어지면 다시는 회복하기 어렵다. 육체적으로 지치는 것은 며칠 쉬면 낫지만 당신의 정신이 지쳐서 무기력해지고 열정이 없어지면 이 분야에서 당신의 경력은 끝장이다.

그렇다면 왜 지치고 무기력해질까? 당신의 일은 늘 실패에 대한 예감과 긴장으로 가득 차 있다. 다른 어떤 분야보다도 경쟁이 치열하다. 판매고라는 숫자가 모든 것을 이야기하기 때문에 다른 어떤 핑계도 통하지 않는다. 게다가 혼자서 일하기 때문에 이야기를 나눌 마땅한 동료도 없다. 동료가 경쟁 상대일 경우도 많다. 그래서 때로 정말 외롭다. 고객 가운데는 성격이 못돼 먹어서 결국에는 납품 받을 걸 가지고 애를 태우게 만드는 경우도 적지 않다. 아무리 프로정신으로 이 모든 스트레스를 참아 넘긴다고 해도 어느 날 문득 몹시 피곤하게 느껴질 때가 있을 것이다.

이럴 때를 경계해야 한다. 그럴 때는 모든 것을 잠시 접어두고 마음에 여유를 되찾도록 노력해야 한다. 한바탕 웃음으로 푸른 하늘을 보면서 웃어넘겨야 한다.

오늘은 회복할 수 없는 재앙인 것처럼 보이는 일도 얼마 지나지 않아 돌이켜 보면 별것 아닌 경우가 많다. 지쳤을 때 마음껏 웃어넘기는 이 여유가 그 영화에는 없었다. 그리고 당연하게 그 영화에 등장하는 세일즈맨들은 그 대가를 치렀다(영화 속에서).

세상 사람들이, 혹은 동료 직원들이 "저 사람 요즘 이상해. 실적도 급격하게 떨어지고 행동하는 것도 좀 이상해졌어. 무슨 소리를 하는지 횡설수설하고"라고 당신의 등 뒤에서 소곤대지 않도록 오늘 어렵더라도 마음의 여유를 가져라.

단단히 정신을 차리고 오늘 당장의 실수를 웃어넘길 유머 감각을 가질 필요가 있다.

결국 당신의 인생에 대해 책임지고 답변을 해줄 수 있는 사람은 당신 자신밖에 없다. 머리를 맑게 유지하고 장래에 대해 계획을 세우며 밝은 기분으로 살아야 판매·영업에서 성공을 거둘 수 있다.

고객에게 바른 질문을 던지고 고객의 질문에 정확한 대답을 제시하며 고객의 문제를 해결해 주고 적절한 충고를 해주기 위해서는 우선 당신의 머리가 맑고 기분이 유쾌해야 하는 것이다.

자, 지금 기분이 우울하고 무슨 일이 잘 안 풀리거든 한바탕 웃고 기분 전환을 하라. 그리고 판매 전쟁에서 승자가 되어라. 성공은 항상 반드시 당신에게 돌아올 것이다.

스테판 시프만 (Stephan Schiffman)

DEI 경영그룹의 대표이자, AT&T 정보시스템, 케미컬 뱅크, 모토롤라 등과 같은 미국의 최우량기업에서 25만 명이 넘는 판매·영업직 사원들을 훈련시킨 미국 최고의 경영·세일즈 컨설턴트이다. 그는 *The 25 Most Common Sales Mistakes and How to Avoid Them*, *Cold Calling Techniques* 등 수많은 세일즈 관련 서적을 집필하는 저술가로도 활동하고 있다.

홍은주

한양대학교를 졸업하고 미국 오하이오 주립대학에서 경제학으로 석사, 박사를 받았다. 1981년 문화방송에 입사해 경제부장을 거쳐 현재 논설실 주간으로 일하고 있다. 영업과 마케팅에서 성공하기 위한 설득의 심리와 대화법 등에 관심이 있어 여러 책을 읽다가 이 책을 번역했다. "먹을 것을 가지고 놀지 말라"는 금기를 거꾸로 이용해 빅 히트를 기록한 Jell-O 등 풍부한 사례와 실전적 지혜가 가득 차 있어서다. 저서로는 『초국적 시대의 미국기업』, 『부실채권정리』(공저), 『경제를 보는 눈』, 『그림으로 이해하는 경제사상』 등이 있다.

세일즈에서 성공한 사람들의 25가지 습관

지은이 | 스테판 시프만
옮긴이 | 홍은주
펴낸이 | 김종수
펴낸곳 | 서울출판미디어

편집책임 | 안광은
편집 | 강문선

초판 1쇄 발행 | 2006년 4월 25일
초판 2쇄 발행 | 2008년 4월 30일

주소 | 413-832 파주시 교하읍 문발리 507-2(본사)
　　　121-801 서울시 마포구 공덕동 105-90 서울빌딩 3층(서울 사무소)
전화 | 영업 02-326-0095, 편집 02-336-6183
팩스 | 02-333-7543
홈페이지 | www.hanulbooks.co.kr (도서출판 한울)
등록 | 1980년 3월 13일, 제406-2003-051호

Printed in Korea.
ISBN 978-89-7308-138-7 03320

* 가격은 겉표지에 있습니다.